图解健康知识丛书

图解

《黄帝内经》养生小常识

车艳芳◎编著

四川科学技术出版社

·成都·

图书在版编目（CIP）数据

图解《黄帝内经》养生小常识 / 车艳芳编著. -- 成都：四川科学技术出版社，2023.2

（图解健康知识丛书）

ISBN 978-7-5727-0898-5

Ⅰ. ①图… Ⅱ. ①车… Ⅲ. ①《内经》—图解 Ⅳ. ①R221-64

中国国家版本馆CIP数据核字(2023)第030622号

图解《黄帝内经》养生小常识

TUJIE HUANGDINEIJING YANGSHENG XIAO CHANGSHI

编　著　车艳芳

出　品　人　程佳月

责任编辑　谢　伟

助理编辑　王星懿

封面设计　宋双成

责任出版　欧晓春

出版发行　四川科学技术出版社

成都市锦江区三色路238号　邮政编码 610023
官方微博：http://weibo.com/sckjcbs
官方微信公众号：sckjcbs
传真：028-86361756

成品尺寸　170 mm × 240 mm

印　张　13.5

字　数　270千字

印　刷　大厂回族自治县益利印刷有限公司

版　次　2023年3月第1版

印　次　2023年3月第1次印刷

定　价　32.80元

ISBN 978-7-5727-0898-5

邮　购：成都市锦江区三色路238号新华之星A座25层　邮政编码：610023
电　话：028-86361770

Preface 前言

《黄帝内经》又称《内经》，是中国最早的医学典籍，也是中国传统医学四大经典著作之首。这本典籍开创了中医体质划分的先河，之后，经过中医学家们长期的观察、积累、总结，逐渐形成了一套比较完整的中医体质理论。中医认为，人的体质可以分为气虚体质、血虚体质、阴虚体质、气郁体质、血瘀体质、痰湿体质等类型。

气虚体质的人的体质特征可有：形体消瘦或偏胖，体倦乏力，面色苍白，语声低怯，常自汗出且动则尤甚，心悸食少，舌淡苔白，脉虚弱。若患病则诸症加重，或伴有气短懒言、咳喘无力；或食少腹胀、大便溏泄；或心悸怔忡、精神疲惫；或腰膝酸软、小便频多，男子滑精早泄、女子白带清稀。

血虚体质的人可有以下特征：皮肤发暗发青、疼痛、干燥、瘙痒、出现小包块；容易脱发，而且不好治；舌头上有长期不消的瘀点和瘀斑，舌根部两边小静脉怒张；表情抑郁、呆板，面部肌肉不灵活；健忘、记忆力下降；肝气不舒，经常心烦易怒。

阴虚体质的人主要表现为手足心热，易口燥咽干、口渴，喜冷饮，大便干燥；或见面色潮红，两目干涩，视物模糊，皮肤偏干，眩晕耳鸣，睡眠差。

气郁体质的人的体质特征可有：食欲减退，睡眠不好，夜间容易惊醒，胸闷，心慌气短，咽间有异物感，或乳房胀痛，或胸胁胀满，或嗳气呃逆，女性可伴有月经不调，还可表现为舌淡红、苔薄白、脉弦。

血瘀体质的人的表现可有：面色晦暗，口唇色暗，眼眶暗黑，肌肤甲错，易出血，舌紫暗或有瘀点，脉细涩或结代。若病则上述表现加重，可有头、胸、胁、少腹或四肢等处刺痛；妇女痛经、经闭、崩漏等。

痰湿体质的人多表现为痰多、易头晕、肠胃不适等，易生慢性支气管炎、支气管哮喘、肺气肿、动脉硬化、慢性胃炎、慢性肠炎、肥胖症等症。

另外，还有一些体质类型，比如平和体质、湿热体质、特禀体质等。平和体质属于比较健康的人群；湿热体质的养生重在祛湿清热；特禀体质则重在益气固表。

本书以《黄帝内经》体质养生理论为参考，结合之后多位中医学家的中医体质理论，对以上体质类型的人如何调理做了详细的介绍，并提出了相应的饮食调节建议及食谱，让您在充分了解自己体质的基础上，可以综合调养，并快速地找到适合自己的食疗方案，从而达到预防疾病、科学养生的目的。

Contents 目录

第一章 认清体质好养生

第一节 《黄帝内经》中的体质论

《黄帝内经》是中医体质学说的源头

▶ 体质的概念

体质就是指人体由于先天的遗传以及受后天饮食、生活习惯、自然、社会、家庭环境等多种因素的影响，在其生长发育和衰老的过程中，所形成的外表形态上和心理、生理功能上相对稳定的特征。这种特征可以提示人们容易患哪些疾病以及日常生活中有哪些宜忌。

《黄帝内经》提出的体质分类

《黄帝内经·灵枢》（后文称《灵枢》）逆顺肥瘦中将人分为肥人、

瘦人、常人，《灵枢》卫气失常中又将肥人分为膏型、脂型、肉型三种，并对每一类型人的生理差别、气血虚实、体质强弱等作了较为细致的描述。

《灵枢》寿夭刚柔中指出人的性格有刚有柔，人的体质有强有弱，人的身型有高有矮，人的生理、病理状态有阴有阳，并且提出了相应的调理改善的方法。《灵枢》论勇中对勇、怯两种体质类型的精神面貌、外部特征与内在的脏腑功能进行了描述和讨论。

由此可以看出，《黄帝内经》是中医理论体质学说的"鼻祖"，其论述内容涵盖了人体的性别、年龄、禀赋、体态、外貌、性格、心理、所处地域、对环境的适应能力、社会地位、生活条件及临床治疗等各个方面，为个体治疗和养生提供了指导纲领。

《黄帝内经》中暗藏的体质调养法

▶ 别人的养生方法不能随便套用

在我们的生活中，很多人对养生的认知都存在误区，总是喜欢把别人的养生方法随意用到自己的身上。可是人与人的体质不同，即使是对于同一类体质的人，其养生方法也未必都适合，因为人的体质会有很多微妙的差异。就像《灵枢》寿夭刚柔中所说："人之生也，有刚有柔，有弱有强，有短有长，有阴有阳……"这句话的意思是说，人自出生以来，其性情、脏腑、形体、寒热偏性等本来就不同——有人强壮，有人瘦弱，有人高，有人矮，有人体质偏阳，有人体质偏阴……除此之外，人在后天生活中由于受地域、经历、习惯、年龄等因素的影响，使得人的体质进一步差异化。所以我们每一个人都应该用辩证的眼光来看待自己的身体，要认识到自己身体的独特性。

没有任何一个其他人的养生方法能完全适合于你，因此在养生保健时，不能盲目跟从，不能搞"一刀切"，一定要遵循"异"和"顺"的原则。"异"就是要了解不同的人体质有差异，对于别人的养生方法，不能随便"拿来"就用；"顺"就是要顺应自己的体质，以自我为主，有的放矢地选择适合自己的养生方法。只有这样做，才不会因为错误的养生方法而使自己的健康受到危害。

在体质与病因、病理的关系上，《黄帝内经》中认为不同体质的人对不同致病因子的易感性和对相同致病因子的耐受性不同，某种体质的人易患某些病。而且生病以后，因体质不同也会"为病各异"，同时预后也不一样。

因此，应根据不同的体质，采取相应的养生方法和措施。例如，木型之人，耐春夏，不耐秋冬，因此在春夏就要采取措施，预先壮阳；火型之人，性情急迫，当注意缓和情绪，宁心静神。这就是中医养生学"因人摄生"的理论基础。

▶▶ 环境造成体质差异

一方水土养一方人，环境是决定一个人体质变化的重要因素。水土性质、气候类型、生活条件等，会对一个人的体质产生影响。

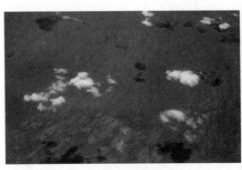

例如，我国南方多湿热，北方多寒燥，东北沿海为海洋性气候，西部内地为大陆气候，因此从"形"上讲，西北方的人形体多壮实，腠理致密；东南方的人体质多柔弱，腠理偏疏松。我国东部地区湿热体质者较多；南部地区湿热体质和血瘀体质者较多；西部地区气虚体质、阴虚体质者较多，阳虚体质者较少；华北地区湿热体质者较多；东北地区气虚体质、阳虚体质者较多。地域不同，人的体质不同，施方用药也有所不同。

▶▶ 饮食习惯对体质形成的影响

科学的饮食习惯，合理的膳食结构，全面而充足的营养，可增强人的体质。如果饮食不当，将会影响脾胃功能，导致某些营养物质缺乏，使人体体质发生不良改变。如长期饮食摄入量不足，会导致营养不良，容易使体质虚弱；饱食没有节制，则会损伤脾胃，形成形盛气虚的体质；偏嗜某些饮食，可造成人体内营养成分不均衡，出现一部分营养成分过剩，一部分营养成分缺乏，从而形成偏颇体质；如长期偏嗜寒凉的食物，容易形成阳虚的体质；长期偏嗜温热和辛辣的食物，容易形成阴虚体质；偏嗜甘甜，可形成痰湿体质；嗜食肥腻，多形成痰湿体质或湿热体质。

▶▶ 疾病和药物会影响或改变体质

疾病制约体质的形成，体质也影响疾病的发生发展。一些重病、慢性病，不仅会损害人体的各个部位，还可能会使脏腑失和，气血、阴阳失调，从而影响体质状态。

生病了，就要服药，但药用得不恰当，也会给体质带来不良的影响。药有寒、热、温、凉的差异和酸、甘、苦、辛、咸的不同，若长期偏用某一性味的药，人体脏腑的气血阴阳就会出现偏衰，从而改变人体体质。

▶▶ 七情也是体质形成的重要影响因素

七情为喜、怒、忧、思、悲、恐、惊，中医有"过喜伤心、过悲伤肺、过怒伤肝、忧思伤脾、惊恐伤肾"的说法。其中任何一种情志过度，均可能导致身体阴阳失调、气血不和而引起体质偏颇，动摇健康体质的基础。所以说七情也是体质形成的重要影响因素。

情绪的好坏对体质的形成也很重要。精神情志，贵于调和。情志舒畅有节，就会使身体健壮。如果长期精神抑郁，或情绪波动很大，超过了人体的生理调节能力，就会给体质造成不良影响。人的很多病其实都由消极情绪所致。不良的情绪对机体的影响非常大，持续的不良情绪会明显削弱人的抵抗力、免疫力，还会影响脏腑功能、气血运行、经络畅通等。只要消除了造成疾病的消极情绪，很多人都能更快地恢复健康。所以保持积极健康的心态其实非常重要。

目前医学界已经证明，保持积极的心态能够增强免疫力，让身体更快恢复健康。有的医生让一些癌症患者通过旅行、观看海景等活动，了解生命的意义，保持乐观的生活态度，从而提高免疫力。

▶▶ 不健康的生活方式会加重偏颇体质

好的生活习惯有益于身心健康，而不良的生活习惯则会损害身心健康，千万不要小看日常生活中点点滴滴的行为和习惯。一日三餐定时定量，早睡早起，经常参加体育活动，不要过度劳累……这些健康的生活方式有助于保持我们身体的健康；而身体过于疲劳或过于安逸、依赖空调、不离电脑、长时间打麻将等不良的生活方式都会对人体产生不好的影响。

身体过劳，易转化为气虚体质。而神劳更是不容忽视，用脑过度伤心脾，用眼过度伤肝血，会造成气血不足，转化为血虚体质。身体过逸，容易转化为气郁体质或痰湿体质。有的老年人年轻的时候吃过苦，觉得现在是享福的时候了，就经常休息，又是进补，又是吃药，结果身体反而越来越糟。

▶▶ 体质养生要注重生活调理

养生其实并不复杂，最关键的就是重视日常生活调理。《黄帝内经·素问》（后文称《素问》）上古天真论中说："上古之人……食饮有节，起居有常，不妄作劳，故能形与神俱，而尽终其天年，度百岁乃去。"这是说那些懂得养生之道的人，都能够合理地调适生活，做到饮食有节、作息顺应天时、不过度劳累，这样就可以使人形神俱旺，阴阳协调统一，尽享天年。重视日常生活的调理，要做到以下几点：

首先，要注意"防未病"。防未病是体质养生的核心内容。其意思就是在疾病发生之前就预防，最好不要等到疾病已发生才去治疗。

其次，要顺应体质，合理生活。体质不同的人在生活环境、饮食需要、作息规律、疾病防治等方面都有自己的独特需求。所以每一个人都应该先了解自己是什么体质，再顺应自己体质的特殊性，合理地进行调理。比如阴虚体质的人，日常生活中要注意滋阴清热，饮食宜清淡，少吃肥腻厚味、燥烈之品；而阳虚体质的人，其养生关键重在补阳避寒，要多食羊肉、鹿肉、大枣等具有温阳功效的食物，并远离空调、冷饮等。

最后，要注意调"神"养生。在人体这个统一整体中，起统率和协调作用的是心神。只有在心神的统率调节下，人体的生命活动才能正常有序地进行。因此在日常生活中要充分重视"神"的调养，比如通过绘画、书法、音乐、下棋、骑单车、雕刻、种花、集邮、垂钓、旅游等兴趣爱好，使精神有所寄托，从而起到很好的养"神"作用。

第二节　中医体质辨析与调理

辨证论治因体质而异

▶▶ 强弱寒热不同

体质有强弱之分、偏寒偏热之别。因此，辨证论治时必须结合体质。如面白体胖，属阳虚体质者，本是寒湿之体，若感受寒湿之邪，就要用含干姜、附子、人参、茯苓之类的方药才能把邪祛除；若感受湿热之邪，则必缠绵难愈，尚须通阳以化湿，药性过凉则湿邪愈加闭阻于内而阳气更加虚乏。反之，如双颧潮红、形瘦，属阴虚体质者，内火易动，湿从热化，反伤津液，故其治当以滋阴降火为主，辅以清热利湿，与阳虚之体迥然不同。故阳虚、阴虚之体，虽同感湿热之邪，治法却大不相同。总之，阳盛或阴虚之体，慎用温热伤阴之剂；阳虚或阴盛之体，慎用寒凉伤阳之剂。

▶▶ 年龄不同

人体气血及脏腑盛衰等生理活动随着年龄的增长而发生变化，从而影响机体对致病因素的反应能力，所以年龄长幼与治疗方案关系密切。如小儿属"稚阴稚阳"之体，不论用温热剂还是苦寒剂，均应中病即止，就是说疾病痊愈即停止用药。因苦寒之品易伐小儿"生生之气"，辛热之属则易损真阴。又比如老年人大多是肾气已衰，中气虚乏，易受邪致病，而得病之后多见虚证，或虚中夹实。因此，治病用药尤须审慎。正如清代医家叶天士所论，对老年病的治疗应审体质、保真气、慎劫夺。

▶ 生活条件、地域不同

生活习惯、营养状况对体质的影响很大。一般来说，多食膏粱厚味者，多为痰湿或湿热体质；纵欲恣情，多损真阴真阳；饥饱劳役多使脾胃虚弱，因而治疗上须区别对待。

地域不同，水土有别，故饮食生活习惯不一，人的体质也有差异，因此中医治病讲究因地制宜。

▶ 同病异治、异病同治

由于体质的差异，即使同一疾病也可出现不同的症状，故其治则异。另一方面，即使病因或疾病不同，由于患者的体质在某些方面具有共同点，往往也可能会出现相似或相同的症状，故其治则同。

▶ 性别不同

男子为阳刚之体，阴弱而阳旺，脏腑功能较强，代谢旺盛，肺活量大，在血压、基础代谢、能量消耗等方面均高于女性，所以男性容易患阳证、热证，如高血压，病情反应也较女性激烈。

女子为阴柔之体，阴盛而阳弱，脏腑功能较弱，女子免疫功能较男子强，基础代谢率较低。因此，虽然女子体质较弱，但寿命较长。

男子在生理上有分泌精液的现象，在生殖功能病变中以阳痿、遗精、早泄、房劳、疝痛等为主要病症。

女子有经、带、胎、产、乳等生理特点，在生殖功能病变中以月经失调、血崩、经闭、痛经、带下等为主要常见病症。

男性中平和体质、痰湿体质、湿热体质者明显多于女性；女性中血瘀体质、阳虚体质、气郁体质、阴虚体质者明显多于男性。男性体质养生要重视养肾护阳，而女性体质养生则要重视补气养血。

一般来说，男性要少食狗肉、辣椒等辛温燥烈的食物。女性要少吃寒凉食物，尤其是夏天。

▶▶ 用药宜忌不同

由于体质有阴阳盛衰的差异，临床治疗应视体质而用药。其一，注意药物性味及功效，一般来说，阴虚体质者宜甘寒、酸寒、咸寒、清润之品，忌辛热温散、苦寒沉降之品；阳虚体质者宜益火温补之品，忌苦寒泻火之品；气虚体质者宜补气培元之品，忌耗散克伐之品等。其二，注意用药剂量，一般来说，体长而壮实者，剂量宜大；体瘦而弱者，剂量宜小。急躁者宜大剂取其速效；性多疑者宜平妥之剂缓求之。

▶▶ 预后调理不同

疾病初愈或趋向恢复时，中医学很重视预后调理，以促其康复，这也属于治疗的范畴。此时常需多方面措施的配合，包括药物、食物、精神心理和生活习惯等。这些措施的具体选择应用皆需视患者的体质特征而异。如阴虚体质者热病初愈，慎食狗肉、羊肉、辣椒等辛温食物或辛辣之物；痰湿体质者大病初愈，慎食龟鳖等滋腻之物及五味子、乌梅等酸涩收敛之品。

第三节 体质养生的宗旨

▶▶ 阴阳平衡是养生治病的关键

世界万物都包含着阴和阳相互对立统一的两个方面。阴阳的对立统一运动，是自然界一切事物发生、发展、变化及消亡的根本原因。正如《素问》阴阳应象大论中所说："阴阳者，天地之道也，万物之纲纪，变化之父母，生杀之本始。"阴阳平衡是自然界的法则和规律，是万物都要遵循的准则，是事物变化的根本所在，也是世间万物运化的动力。

人体疾病的形成是因为阴阳的失调，所以养生治病的关键也在于恢复阴阳平衡。中医师依据阴阳来诊病、治病。在中医的辨证论治中，阴阳学说被用以说明人体的组织结构、生理功能及病理变化等。《素问》金匮真言论有这样的说法："夫言人之阴阳，则外为阳，内为阴。言人身之阴阳，则背为阳，腹为阴。言人身之脏腑中阴阳，则脏者为阴，腑者为阳……故背为阳，阳中之阳，心也；背为阳，阳中之阴，肺也；腹为阴，阴中之阴，肾也……腹为阴，阴中之至阴，脾也。"这段话把人体的每一脏、每一腑都分出了阴阳，把人体的每一层次，无论是整体与局部，还是组织结构与生理功能，都概括成了阴阳的对立统一体，说明人本身就是阴阳的对立统一体。

▶▶ 体质养生也要阴阳平衡

体质与人体各层次阴阳运动，以及与人体相关的大自然中万事万物阴阳运动都有着密切联系。所以我们只有顺应自然之阴阳、天地之阴阳、自身之阴阳，努力安排好自己生活的方方面面，与自然相合，与天地相合，与自身体质相合，使人体内在的、外在的各种阴阳对立关系都达到平衡状态，这样才能健康长寿。所以，每一个人都要重视自然界的阴阳平衡关系，要把阴阳平衡当作体质养生的宗旨，顺应自身体质，合理养生。

第四节　根据不同体质治病

▶▶ 辨别体质，制订防治方案

体质作为个体在生命过程相对稳定的状态，必然贯穿于疾病的整个过程，成为制约和影响疾病发生、发展、变化的基本要素。通过辨识体质类型，可预示不同体质类型所易患的疾病，以便给予相应的保养手段来预防疾病。

体质不同，需要采取的保健方法也不同。根据体质选择适合自己的养生保健方式，量体裁衣，才能将身体调养到最佳状态。由于体质的特异性、多样性和可变性，形成了个体对疾病的易感倾向、病变性质、疾病过程及其对治疗的反应等方面的明显差异。因此，中医学强调"因人制宜"。体质是治疗的重要依据。在疾病的防治过程中，按体质论治既是因人制宜的重要内容，又是中医治疗学的特色。临床所见同一种病，一种治法对此人有效，对他人则可能非但无效，反而有害，其原因就在于病同而人不同，体质不同，故疗效不一。

▶▶ 体质决定病因

不同体质对某些致病因素和疾病有特殊易感性。中医学对这一现象早有认识，针对某种体质容易感受相应淫邪的特点，有"同气相求"之说。如阳虚体质形寒怕冷，易感寒邪而为寒病，感受寒邪亦易入里，常伤脾肾之阳气；阴虚体质，不耐暑热而易感温邪；痰湿体质素体湿盛，易感湿邪，常因外湿引动内湿而为泄为肿等。《灵枢》五变中还有"五藏皆柔弱者，善病消瘅""小骨弱肉者，善病寒热""粗理而肉不坚者，善病痹"等记载。由此可见，由于脏腑组织有坚脆刚柔之别，不同体质的人发病情况也各不相同。肥人多痰湿，善病中风；瘦人多火，易得痨嗽；年老肾衰，多病痰饮咳喘。凡此种种，均说明了体质的偏颇是造成机体易于感受某种疾病的根本原因。

▶▶ 体质决定发病与否及影响发病情况

中医学认为，正气虚是疾病形成的内在原因，而邪气只是疾病形成的外在条件。正气虚，则邪乘虚而入；正气实，则邪无自入之理。体质的强弱决定着正气的虚实。因此，发生疾病的内在因素在很大程度上是指人的体质强弱。

第五节　关于体质的讨论

本节节选了《黄帝内经》中关于体质学说的部分内容，并做了相应的解读，以供读者参考。

▶ 《灵枢》通天之阴阳五态人

太阴之人，多阴而无阳，其阴血浊，其卫气涩，阴阳不和，缓筋而厚皮，不之疾泻，不能移之。少阴之人，多阴少阳。小胃而大肠，六腑不调，其阳明脉小，而太阳脉大，必审调之，其血易脱，其气易败也。太阳之人，多阳而少阴，必谨调之，无脱其阴，而泻其阳。阳重脱者易狂，阴阳皆脱者，暴死，不知人也。少阳之人，多阳而少阴，经小而脉大。气血在中而气外，实阴而虚阳。独泻其络脉则强，气脱而疾，中气不足，病不起也。阴阳和平之人，其阴阳之气和，血脉调，谨诊其阴阳，视其邪正，安容仪，审有余不足，盛则泻之，虚则补之，不盛不虚，以经取之，此所以调阴阳，别五态之人者也。

阴阳和平之体质，即形体壮实、气血流畅、脏腑协调的体质，这类人不易生病，抵抗力强，生机旺盛，一般不需要再进行药物调理，只需继续保持合理的生活方式，坚持适度体育活动，就能保持健壮形体。

太阳之人的体质，类似于阳热质，所以需要经常食用药物来清其过盛之热，补其耗伤之阴，这类人的养生之道是重视体育锻炼，以使阳气生发，在饮食方面则需要忌食辛辣燥烈的食物。

太阴之人的体质，类似于阴寒质、痰湿质、阳虚质、血瘀质等体质。若为阴寒体质，应该散寒温阳，用温热助阳之品来调养，尤其在寒冬，可以在医生指导下适当服些如桂附理中丸、桂附地黄丸等药品。

少阴之人的体质，类似于气虚质、血虚质，若是气虚体质，可以适当服用补气药品，如金匮薯蓣丸；若是血虚体质，则可以适当服用补血的药品。

少阳之人的体质，类似于阴虚质、肝阳质，这类人在养生时需切忌只清热而不滋阴。如果是阴虚体质，则可以在医生指导下服用首乌延寿片等养阴之药。如果是肝阳体质的话，应该注意平肝潜阳，平时可以在医生指导下服用杞菊地黄丸等养阴潜阳平肝的药品，以防阳亢生风。

▶ 《灵枢》阴阳二十五人之阴阳二十五人（节选）

木形之人，比于上角，似于苍帝，其为人苍色，小头，长面，大肩，背直，身小，手足好。有才，劳心，少力，多忧，劳于事。能春夏，不能秋冬，感而病生，足厥阴陀陀然。大角之人，比于左足少阳，少阳之上，遗遗然。左角之人，比于右足少阳，少阳之下，随随然。右角之人，比于右足少阳，少阳之上，推推然。判角之人，比于左足少阳，少阳之下，栝栝然。

这段内容是对木型体质之人的描述，原文以自然界树木的色泽、形态、特性及荣枯变化进行比拟，可谓鲜活易懂。在此基础上，《黄帝内经》依据秉承木气之偏盛、气血之多少、所属经脉的阴阳属性，又分出五类木型体质的人，相当于现代所说的抑郁型或抑郁体质。这种体质的人性格较内向，内心常苦闷，情绪则常处于低落状态。

这类人若是寻找养生之法，就要注意培养开朗豁达的思想和性格，比如主动寻求快乐，常听一些轻快、欢乐的歌曲，去一些令人放松的娱乐场所，可以多出门走走，如旅游，以此打开紧闭的心门，开阔心胸，最重要的是要多与人交流、聊天，这些方法都可以尝试以改善不良体质。

火形之人，比于上徵，似于赤帝，其为人，赤色，广，脱面，小头，好肩背髀腹，小手足，行安地，疾心，行摇，肩背肉满，有气，轻财，少信，多虑，见事明，好颜，急心，不寿暴死。能春夏，不能秋冬，秋冬感而病生，手少阴核核然。质徵之人，比于左手太阳，太阳之上，肌肌然。少徵之人，比于右手太阳，太阳之下，慆慆然。右徵之人，比于右手太阳，太阳之上，鲛鲛然。质判之人，比于左手太阳，太阳之下，支支颐颐然。

由以上内容可知，火型也就是兴奋型或急躁体质的人，这类人的典型性格特征就是易发怒，脾气暴躁，精神时常处于紧张状态。根据思胜怒的原则，这类人要想获得良好的养生效果的话，就应将精力放在积极思考、少争胜负、少争名逐利上，尤其要锻炼自己形成稳重的性格，遇事三思而行；在文化娱乐方面，可以尝试一些慢节奏的活动，以此修养心境；饮食方面，火型人一定要远离烟酒，少食辛辣厚味等助阳之物，相反，可以多用清淡、滋阴之品。

第二章 气虚体质

第一节　你是气虚体质吗

● 小测试：**看看你是气虚体质吗？**

1. 你是否经常稍微一受刺激就出冷汗？ 　　　　　　　　○是　○否

2. 你是否经常莫名其妙地出汗？ 　　　　　　　　　　　○是　○否

3. 你是否经常感冒？ 　　　　　　　　　　　　　　　　○是　○否

4. 假如你家住在五楼，你是否还没爬到五楼就气喘吁吁？ ○是　○否

5. 你是否经常感觉没力气，懒洋洋地不想跟人说话？ 　　○是　○否

6. 你的舌头两侧是否有齿痕？ 　　　　　　　　　　　　○是　○否

7. 晚上睡觉时，你是否特别容易惊醒？ 　　　　　　　　○是　○否

8. 你是否经常莫名其妙地不安、害怕？ 　　　　　　　　○是　○否

9. 你是不是很没有安全感？害怕被人抛弃？ 　　　　　　○是　○否

10. 有人在你旁边交谈，你没参与其中，是否会觉得他们很吵？ ○是　○否

11. 你是否经常从噩梦中惊醒？ 　　　　　　　　　　　　○是　○否

12. 早上起来，你是否觉得自己"肿了"？ 　　　　　　　○是　○否

13. 你是不是体质偏瘦，怎么吃也吃不胖？ 　　　　　　　○是　○否

14. 你是虚胖吗？ 　　　　　　　　　　　　　　　　　　○是　○否

15. 与别人相比，你感冒的时候是否更容易发热？ 　　　　○是　○否

16. 如果发热，你一般是持续低热，还是高热？ 　　　　○低热　○高热

17. 大便完毕，你是不是觉得很累？ 　　　　　　　　　　○是　○否

18. 晚上下班，公交车上闹哄哄的，你是否会觉得头晕？　　○是　○否

19. 你喜欢吃甜食吗？　　○是　○否

20. 你是不是喜欢躺在床上，节假日都是在床上或者沙发上度过的？

　　○是　○否

21. 与别人相比，你的皮肤是否不够红润？　　○是　○否

22. 你有没有感觉自己的皮肤缺乏弹性、干巴巴的？　　○是　○否

23. 你的牙齿容易松动吗？　　○是　○否

24. 身体或精神状态不佳，会让你对工作力不从心吗？　　○是　○否

25. 你非常容易生气吗？　　○是　○否

26. 即使没有感冒，你的嗓子里是否也经常有痰？　　○是　○否

27. 你经常容易流脓鼻涕吗？　　○是　○否

28. 如果你是女性，你的月经经常不规律吗？　　○是　○否

29. 与别人相比，你比较容易落枕吗？　　○是　○否

30. 如果你是女性，与其他女性相比，你的经期比较长吗？　　○是　○否

31. 秋冬来临，天气变得干燥，你是否经常感到身上发痒？　　○是　○否

32. 举行公共活动时，你不喜欢发表自己的意见吗？　　○是　○否

上面有32个问题，都描述了气虚体质者容易出现的症状。在回答问题时，你选择"是"的次数越多，你就拥有更多气虚体质者的表征，说明你的气虚程度越深，体质越差。

为什么你比别人多选了几个"是"？在补气的同时，不妨扪心自问，自己是否拥有容易导致气虚的坏习惯？如果有，那就快些改掉吧，否则，非但补气也不能很好地解决问题，而且在正气与邪气的反复较量中，正气更容易受到伤害，可能更容易形成气虚体质。

第二节　补气固本常用中药

对于气虚症状相对严重的人来说，仅想利用饮食调节来快速调理身体是不太可能的，只有通过中医中药的辨证调节，饮食和药物相互配合，才能及时、有效地改善健康状况。

气虚当补气。那么，药物补气方法又有哪些呢？下面给大家介绍几款常用的补气中药。

人参

中医认为，人参味甘，微苦，性温，有大补元气、补脾益肺、安神益智、生津止渴之功效，是补益之佳品，常食人参能补五脏、益气血、补虚弱、安精神、耐疲劳、生津液、明目视、增智力、壮元阳、抗衰老。

其中野生人参名为野山参，人工栽培者则称为园参。本品为五加科草本植物人参的干燥根，以根体肥大、质硬而脆、表皮完整者为佳。使用时，可用人参一味煎汤，曰独参汤，具有益气固脱的功效。年老体弱者在医生指导下服用此汤，可强健身体。

黄芪

黄芪，味甘，性微温，是一味重要的补气药，全身之气皆能补益，所以对于气虚诸证都适用。

现代医学研究表明，黄芪确有强心、保肝、兴奋中枢神经系统等多方面的作用。黄芪有降压、利尿、增加血浆蛋白、降低尿蛋白等作用。所以患有高血压、肾病等阳气衰弱者，可在医生指导下适量服用黄芪。此外，黄芪尚有益气安胎功效，故也常用于妇科保健。如黄芪补气汤（黄芪、当归各30克，肉桂15克）能温补气血，可用于妊娠气血虚寒，畏寒腹痛而易坠胎之症。

西洋参

西洋参味甘，微苦，性凉。有补气养阴、清火生津的功效，那些用人参而不耐人参之温的人，可以考虑服用西洋参。由于西洋参具有养阴的功效，故也可供激烈活动后疲劳乏力、口干而渴、出大汗者服用，乃运动员保健之佳品。

茯苓

茯苓为多孔菌科植物。茯苓的干燥菌核内含茯苓多糖、茯苓酸、乙酰茯苓酸、麦角甾醇、胆碱等。茯苓能改善神经、消化、呼吸功能，且能降血脂，抗肿瘤，在治疗神经衰弱、失眠以及消化不良、脾虚泄泻等方面有显著功效。

《神农本草经》中记载，久服茯苓可"安魂养神，不饥、延年"。药王孙思邈在《摄养枕中方》中则说："茯苓久服，百日百病除。"中医认为，茯苓性平，味甘淡，有利水渗湿、健脾补中、宁心安神的功效，适合用来治疗小便不利、水肿、食少便溏、痰饮咳逆、心悸失眠等症，但阴虚津液枯乏者不宜用。

白术

中医认为，白术味苦、甘，性温，有补气健脾、燥湿利水、固表止汗、安胎的功效，是治疗脾胃气虚、体弱自汗及胎动不安的常用药。

现代医学研究证实，白术有明显而持久的利尿作用，还可降低血糖，保护肝脏，有防止肝糖原减少的作用，并有强壮作用。

若妇女有脾肾两虚、胎动不安、胎元不固，或易滑胎的情况，可用人参、炒白术、熟地黄各30克，炒杜仲9克，枸杞6克，炙甘草3克，以水煎服。

对于妇女妊娠后胎热所致的胎动不安、恶心呕吐，可用炒白术、黄芩、续断、苏梗各15克，竹茹10克，以水煎服。

党参

党参味甘，性平，能补中益气，养血、生津，久服能使人长寿。自古以来的补益增寿医方中经常用到此药。现代医学研究发现，党参有强壮作用，可以增强身体免疫力，增强造血功能，能使周围血管扩张，降低血压。

山药

中医认为，山药味甘，性平，有补气养阴的功能，且药食兼得，是人们常用的保健良药。《神农本草经》称其可"补中益气力，长肌肉，强阴。久服耳目聪明，轻身，不饥，延年"。

因此，若妇女有因脾虚引起的白带多的症状，可用炒山药、炒扁豆、芡实等，水煎，取浓汁代茶饮。若是妇女有习惯性流产、先兆流产之症，可用生山药150克与糯米适量煮粥，加杜仲、川续断、苎麻根各25克用布包好与粥同煮，待粥熟后去药服食，每日1剂。若妇女因气虚导致子宫脱垂、脱肛，可用炒山药100克，黄芪50克，以水煎服。若妇女有经闭、食少、消瘦等表现的话，也可用生山药150克，鸡内金45克，共研细末，每日服用2次，用温开水或糯米酒送服。

灵芝

中医认为，灵芝既能补肺气，又可补肾气，因此很适合用来治疗因肺肾两虚导致的咳嗽、气喘、虚劳等症。如灵芝糖浆可治疗咳嗽、气喘。

灵芝若与人参配伍，可治疗由各种慢性疾患引起的面色枯黄、短气懒言、体倦乏力、两足痿弱等症。若长期服用，则可预防和治疗常见的冠心病、慢性气管炎、支气管哮喘、高脂血症等，以及各种原因引起的白细胞减少，从而起到延年益寿的效果。

甘草

中医认为，甘草味甘，性平，医药功能为和中，缓急，止痛，祛痰止咳，解毒调和诸药，可用来治疗脘腹挛痛、心悸、癫症、疮疡肿毒、咽喉肿痛、药物及食药中毒等症。

用蜜炙过的甘草称为炙甘草，有补中益气的功能。生甘草适合用来清热解毒。生甘草梢能缓解尿道疼痛，适用于治疗淋病。生甘草去皮称为粉甘草，用此可清内热，泻心火。另外，需要谨记的是，甘草忌与大戟、甘遂、芫花、海藻配伍。

五味子

中医认为，五味子性温，五味俱全，但以酸甘为主，有敛肺滋肾、生津敛汗、涩精止泻、宁心安神的功效。

药理研究发现，服用五味子可加强神经系统的兴奋和抑制过程，促进两者平衡，有益于神经衰弱的恢复，增强机体对非特异性刺激的防御能力。

大枣

大枣是保健良药，人们一向视大枣为补气佳品。中医认为，大枣可以滋养血脉、强健脾胃，对于慢性病气血亏损，或病后体虚者，有较好的康复保健之效。《本草纲目》也记载其功效："心腹邪气，安中，养脾气，平胃气，通九窍，助十二经，补少气、少津液、身中不足、大惊四肢重，和百药。久服轻身延年。"

常言道，"一日食三枣，终生不显老。"在食用大枣的时候，既可单味服食，也可煮熟熬膏、加白糖服用。东汉医学家张仲景在其名著《伤寒论》113例经方中就有63例用了大枣。

第三节　补气固本饮食调节

不宜食物

　　不适合气虚体质者食用的食物有白萝卜、山楂、大蒜、薄荷、紫苏叶、荞麦、茶叶、蚕豆、荸荠、芹菜、黄瓜、豆芽、海带、紫菜、茭白、藕、芥菜、苦瓜、空心菜、西瓜、香瓜、梨、金橘、橙子、柚子、杨桃、柿子、菊花、麦冬、豆蔻、芫荽、螃蟹、蛤蜊、蚌类。

适宜食物

　　红薯味甘，性平。有"补虚乏，益气力，健脾胃，强肾阴"的作用，对于体虚引起的少气无力、肠胃不适、便秘等症有较好的缓解作用。但吃多了会出现腹胀、反酸、胃灼热、打嗝等不适。

粳米味甘淡，性平和。补中益气，平和五脏，补脾胃、止烦渴，还用于呕吐、腹泻、脾胃阴伤、胃气不足、口干渴等。粳米粥适合久病体虚者、产后妇女、老年人、婴幼儿等消化能力较弱的人食用。

糯米又称江米。味甘，性温，营养丰富，具有补中益气、健脾养胃、止虚汗的功效，还能缓解腹胀腹泻、食欲不佳等症状。适合煮稀粥服用，可用于配合治疗慢性胃炎、消化性溃疡。

山药味甘，性温。"不热不燥"，既可补脾气而又有益于胃阴。能用于气虚引起的食欲不振、脾胃虚弱、腰膝酸软、虚胖等症，滋肾益精，常食可强身健体、延年益寿。有炖菜、煮粥等多种食用方法。

胡萝卜味甘，性平。有健脾和胃、补肝明目、清热解毒、壮阳补肾等多重作用，对于营养不良、肠胃不适、便秘等有较好的治疗作用。气虚体质者除了可以常食胡萝卜做成的菜肴，还可将其切丁熬粥。

黄豆又称大豆。味甘，性平。用于治疗脾胃虚弱、大便不调、小便不利、浮肿等，还有解毒功效。大豆异黄酮能延缓衰老、降血脂和预防癌症。黄豆芽可预防心脑血管疾病，有健脑的作用。

黑豆味甘，性微寒。具有健脾利湿、补肾益阴、清热解毒、养血美容等功效。黑豆含有丰富的维生素和蛋白质，不含胆固醇，一般煮熟食用或配药熟食。可搭配其他材料，制成豆汤、豆浆等食用。

豌豆味甘，性平。具有和中生津、补中益气、调理脾胃、止泻痢、利小便、消痈肿等功效。与其相关的食疗方有核桃仁豌豆泥、豌豆鸭条、豌豆粥等。豌豆炖羊肉有很好的补气效果。

香菇味甘，性平凉。有补肝肾、健脾胃、益气血、化痰理气、益胃和中、解毒、抗肿瘤的功效。气虚头晕、贫血、自身免疫力下降以及年老体弱者宜食。用于食欲下降、身体虚弱、小便失禁、大便秘结等症状。

豇豆味甘，性平。能健脾开胃，利尿除湿。能够理中益气，健胃补肾，清热解毒，止血。可用于治疗妇女脾虚带下，或湿热尿浊、小便不利等。用嫩豇豆腌渍成酸豆角佐餐甚佳，还可做成红油豇豆食用。

土豆味甘，性平，微凉。具有健脾利湿、解毒消炎、宽肠通便、降糖、降脂的功效。能用于治疗消化不良、习惯性便秘、慢性胃痛、关节疼痛等。还能预防心血管系统疾病和动脉粥样硬化的发生。

茄子性凉，味甘。能清热止血、消肿止痛、宽肠通便。大便干结、痔疮出血的患者适合多吃茄子。还可降低胆固醇，促进伤口愈合等。可以选用紫茄同大米煮粥吃。脾胃虚寒、哮喘者不宜多吃。

羊肉味甘，性温。甘而不腻，性温而不燥，能补肾壮阳、祛寒暖中、补益气血，还能够健脾开胃，非常适合冬天食用，是补阳气的好食物。可用于气血不足引起的脾胃虚冷、食欲下降、尿频等。

牛肉性平，味甘。具有补中益气、滋养脾胃的作用，古有"牛肉补气，功同黄芪"之说。牛肉含有丰富的蛋白质、脂肪和维生素。牛肉炖汤或取牛肉适量与大米煮粥服用，对脾胃虚弱者的恢复有很好的效果。

鸡肉性温，味甘。鸡肉营养丰富，有多种滋补作用，有温中益气、健脾胃、活血脉、强筋骨等作用，用于改善月经不调、营养不良、畏寒怕冷、虚弱贫血等虚证。适宜煮粥，或与其他材料一起煲汤。

葡萄味甘，性平。可改善气血不足、肝肾虚弱、腰背酸痛、头昏心悸，对胃阴不足引起的咽干口渴、小便不利等也有效果。尤其适合患贫血、神经衰弱、肺虚咳嗽、风湿性关节炎的人食用。

草莓味甘酸，性凉。能补脾气、消痰、解酒毒、开心益志。适合积食腹胀、齿龈出血、口舌生疮、尿少色黄、烦热干咳、咽喉肿痛者食用。取新鲜草莓榨汁，与等量米酒混合，适合营养不良或病后体弱消瘦者适量饮用。

苹果味甘，微酸，性凉。具有生津开胃、清热除烦的功效；可用于治疗消化不良，轻度腹泻或便秘，烦热口渴。适合患慢性胃炎、神经性结肠炎、高血脂和肥胖、贫血和维生素缺乏的人食用。

银杏味苦涩，性平，有小毒。适合气虚小便频繁、白带增多、乳腺增生、小儿腹泻、肺虚咳嗽者食用。对高血压及冠心病、心绞痛、胆固醇过高等有一定效果。食用时要去壳、去红软膜、去胚煮熟，每次20～30粒。

莲子味甘、涩，性平。具有益心固精、补脾止泻、益肾固精、养心安神等功效，一般可用其制作冰糖莲子汤、银耳莲子羹，或制作八宝粥。阳虚体质者常食可以有效改善体虚症状。

栗子味甘，性温。补脾养胃、强肾补筋、活血止血。其滋补功能可与人参、黄芪、当归等媲美。适合食欲下降、反胃和慢性腹泻者食用。对预防高血压、冠心病、动脉硬化等疾病也有一定作用。栗子炖羊肉是营养丰富的滋补美食。

枸杞味甘，性平。有滋阴养肝的作用，"久服坚筋骨，轻身不老，耐寒暑"。适用于虚证引起的肝肾阴亏、头晕目眩、健忘失眠等症，常食用可强壮筋骨、调节机体免疫力，对预防脂肪肝、调节血脂和血糖有一定作用。

牛奶有益气血、健脾胃、生津润肠等作用，对于气血不足、营养不良及各种胃病患者有较好的疗效。因牛奶有镇静安神的作用，睡前半小时喝杯牛奶还可促进睡眠。女性经期烦躁时不妨以喝牛奶来缓解。

豆腐含有丰富的糖类、植物蛋白和微量元素，有"植物肉"的美称。食用后消化吸收率可达95％以上。经常食用可补中益气、清热润燥、生津止渴、清洁肠胃。能改善热性体质、增加营养、帮助消化、增进食欲及消除口臭、口渴。

第四节 补气固本养生食谱

气虚体质的养生食谱

【红烧鳝鱼】

材料：鳝鱼300克，胡萝卜50克，葱、姜、料酒、醋、胡椒粉、香油等适量。

做法：（1）鳝鱼洗净剁成段，胡萝卜切丁，葱、姜切丝。

（2）油锅烧热，放入鳝鱼段煎炸至变色，捞出控油。

（3）先放入葱、姜爆香，加料酒、醋、胡椒粉、胡萝卜丁等熬出汁后，加入炸好的鳝鱼段，待烧开后改小火煨熟，淋上香油即可出锅。

【养生三白】

材料：虾仁50克，雪蛤10克，玉兰20克，盐、葱段、鸡精、蚝油等适量。

做法：（1）玉兰泡软切片，焯水；雪蛤浸泡数小时洗净，放入开水中煮片刻，捞出沥干。

（2）锅里放油烧热，放入虾仁翻炒数下，加入盐、葱段、鸡精、蚝油，放入雪蛤翻炒至八成熟，放入玉兰片炒匀即可。

【养生三白】
● 具有补肾壮阳、健胃的功效，熟食能温补肾阳。

【人参鹌鹑蛋】
● 具有养颜、安神镇定、降血压、降血糖、增强记忆力之功效。

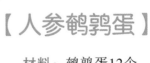

【人参鹌鹑蛋】

材料：鹌鹑蛋12个，人参7克，盐、味精、麻油、白糖、酱油等适量。

做法：（1）将人参煨软、切段后蒸2次，收取滤液。

（2）鹌鹑蛋煮熟去壳，一半用盐、味精腌渍15分钟，另一半用麻油炸成金黄色备用。

（3）人参滤液、白糖、酱油调成汁，和炸鹌鹑蛋一起下锅翻炒，同汤汁一同起锅，再加入另一半腌渍的鹌鹑蛋即可。

【山药炒肉片】

材料：山药500克，猪瘦肉300克，盐、鸡精、料酒、葱、姜等适量。

做法：（1）山药去皮洗净并切片，猪瘦肉洗净切片，葱、姜洗净切碎。

（2）油锅置火上烧热，放入猪瘦肉煸炒，然后投入山药、葱花、姜末翻炒，待锅中水将干时，加入盐、鸡精、料酒，继续翻炒至肉熟。

小提示

【山药炒肉片】
● 滋补健身，延缓衰老。
【桂皮鱿鱼汤】
● 调节血糖，保肝利胆，防治胆结石。

【桂皮鱿鱼汤】

材料：鱿鱼300克，枸杞、桂皮、酱油、香菜末、花生仁、料酒、味精、胡椒粉、高汤等适量。

做法：（1）将鱿鱼用刀划成鱿鱼花，再切成块，在开水中煮熟捞出。

（2）将鱿鱼和高汤倒入锅中，加入桂皮、酱油、香菜末、花生仁、料酒、味精、胡椒粉、枸杞煮沸，小火炖煮30分钟即可。

【板栗香菇焖鸡翅】

材料：香菇6朵，板栗200克，鸡翅100克，料酒、淀粉、蚝油、盐等适量。

做法：（1）板栗去壳，香菇泡水洗净，将鸡翅剔骨剁块，用料酒、淀粉、蚝油、盐腌渍25分钟。

（2）油锅烧热，放入板栗翻炒，再放入香菇、鸡翅翻炒，熟透后加适量开水、蚝油、盐，焖10分钟即可。

【板栗香菇焖鸡翅】
● 具有高蛋白、低脂肪、多糖的营养特点，富含多种氨基酸和多种维生素。

【软炸扁豆】
● 健脾化湿，止泻，止带。主治体倦乏力、白带过多、浮肿。

【软炸扁豆】

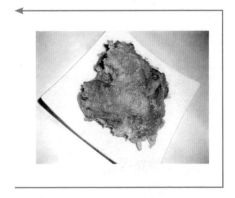

材料：扁豆300克，鸡蛋2个，葱、姜少许，盐、鸡精、料酒、面粉、白糖、酱油、淀粉等适量。

做法：（1）扁豆焯水，捞出沥干，用盐、鸡精、料酒等腌渍10分钟。

（2）鸡蛋打散与盐、面粉及少许水调成糊状，涂在扁豆上，热油炸至金黄色，捞出装盘。

（3）葱、姜切片用油爆香，加入料酒、酱油、白糖及少许水勾成芡汁，淋在扁豆上即可。

【腐皮裹三丝】

材料：芹菜150克，胡萝卜100克，白萝卜150克，豆腐皮、盐、酱油、醋、味精、香油等适量。

做法：（1）芹菜、胡萝卜、白萝卜切细丝，豆腐皮焯熟捞出。

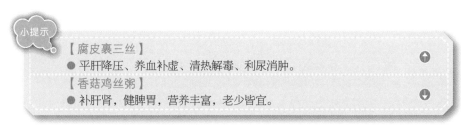

（2）将盐、酱油、醋、味精、香油混合制成味汁。

（3）三丝淋上味汁，拌匀，再用豆腐皮裹好，切成小段，摆入盘中即可。

小提示

【腐皮裹三丝】
● 平肝降压、养血补虚、清热解毒、利尿消肿。

【香菇鸡丝粥】
● 补肝肾，健脾胃，营养丰富，老少皆宜。

【香菇鸡丝粥】

材料：鸡胸肉200克，枸杞10克，香菇2朵，冬笋50克，大米60克，葱花、盐少许。

做法：（1）将大米熬煮成粥，鸡胸肉去筋膜切丝，冬笋、香菇切丝，焯水备用。

（2）将冬笋、香菇、鸡肉丝放入熬煮好的粥中，焖煮20分钟，放入枸杞、葱花再煮片刻，加盐调味即可。

【木耳炒鳝鱼】

材料：木耳200克，鳝鱼200克，红辣椒1个，料酒、枸杞、酱油、盐、葱等适量。

做法：（1）木耳泡发洗净、撕片，红辣椒、葱洗净切丝，鳝鱼切段，焯水备用。

（2）葱丝用热油爆香，放入鳝鱼段翻炒片刻，加料酒、枸杞、酱油、盐翻炒至七成熟。

（3）放入木耳、辣椒丝继续翻炒，直至木耳熟透，调味即可。

 小提示

【木耳炒鳝鱼】
● 补虚损，祛风湿，强筋骨。主治脾虚血亏、腹冷肠鸣、下痢脓血。

【扁豆炒豆干】
● 有调和脏腑、安养精神、益气健脾、消暑化湿和利水消肿的功效。

【扁豆炒豆干】

材料：扁豆300克，豆腐300克，黄豆、百合、红辣椒、酱油、花椒、盐等适量。

做法：（1）黄豆煮熟，百合焯水，红辣椒去籽去蒂切片。

（2）豆腐切长薄片，放入油锅炸1分钟，捞出控油，切小块薄片。

（3）热油放入花椒爆香，加入扁豆翻炒至五成熟，加入盐、酱油、黄豆、百合、红辣椒继续翻炒至熟。最后放入豆腐，翻炒均匀入味即可。

【松仁烩鲜鱼】

材料：鲜鱼1条，松仁20克，鸡蛋、番茄酱、白醋、葱花、盐、白糖、淀粉等适量。

做法：（1）鲜鱼洗净，用盐腌入味后裹上蛋液，再沾上淀粉，入油锅炸至金黄色，待冷却后，将刺挑出，鱼肉备用。

（2）锅中加入少许清水，再放入番茄酱、白醋、白糖调成糖醋汁，勾芡淋油浇在鱼肉上，再撒上松仁、葱花即可。

【松仁烩鲜鱼】
● 宜于病后体虚、肌肤失润、肺燥咳嗽、口渴便秘、头昏目眩者食用。　↑

【核桃鸡丁】
● 有补气养血、补肾填精、补虚损、补气健胃、强筋壮骨等功效。　↓

【核桃鸡丁】

材料：鸡胸肉300克，核桃仁10克，鸡蛋2个，盐、鸡精、淀粉、胡椒粉、白糖、葱、姜等适量。

做法：（1）核桃仁热水浸泡10分钟，去皮，切碎；葱、姜洗净切丝。

（2）鸡胸肉切丁，用盐、鸡精、淀粉、蛋液、胡椒粉等拌匀上浆。

（3）油烧热，放入核桃仁炸至微黄，捞出，放入鸡丁滑透并翻炒，加入葱、姜爆香，最后放入核桃仁炒匀即可。

【胡萝卜炖排骨】

材料：胡萝卜300克，排骨200克，料酒、盐等适量。

做法：（1）排骨洗净剁块。

（2）胡萝卜去皮洗净切块。

（3）炖锅置火上，放入清水烧开，加入排骨、料酒、盐炖1小时，再放入胡萝卜块炖熟即可。

小提示

【胡萝卜炖排骨】
● 能补中下气、利胸膈、润肠胃、安五脏。

【山药炒豌豆】
● 具有益中气、止泻痢、调营卫、利小便、消痈肿之功效。

【山药炒豌豆】

材料：豌豆50克，山药500克，冬笋200克，竹荪、香菇、胡萝卜、辣椒、淀粉等适量。

做法：（1）香菇洗净，轻划十字，备用；胡萝卜、辣椒切丁，山药、冬笋、竹荪切丁。

（2）烧热油锅，先放入香菇、辣椒稍微拌炒，再放入胡萝卜、山药等同炒，再加1杯水。

（3）收汁后放入豌豆、竹荪，最后用淀粉勾一层薄芡即可。

【南瓜牛肉汤】

材料：南瓜300克，牛肉100克，葱、姜、盐等适量。

做法：（1）南瓜去皮去瓤切块，葱、姜切碎；牛肉切片，用盐腌至入味，焯水后沥干。

（2）砂锅加水烧热，放入南瓜、姜末及调味料煮半小时，放入牛肉再煮20分钟，撒上葱花即可。

小提示

【南瓜牛肉汤】
● 具有润肺消痈、托毒排脓之功。用于肺痈胸痛、咳吐脓痰。
【豆腐墩】
● 可补中益气、清热润燥、生津止渴，有清洁肠胃、增进食欲等功效。

【豆腐墩】

材料：黄豆500克，香菇5朵，胡萝卜、盐、胡椒粉、香椿、红椒、白糖、鸡精等适量。

做法：（1）香菇切片，用盐、胡椒粉腌至入味；胡萝卜刮丝，加少许白糖腌至入味；黄豆加水放入粉碎机中打碎。

（2）将一半豆浆和豆渣倒入圆模子，加盐、鸡精拌匀，放入香菇片，再放剩下的豆浆和豆渣，最后撒上胡萝卜丝。

（3）放入蒸笼蒸熟后，取出倒扣在盘子里，加入香椿、红椒点缀即可。

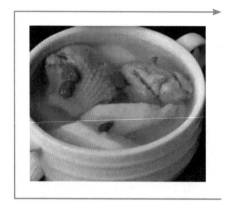

【山药炖鸡汤】

材料：胡萝卜1根，鸡腿1只，山药250克，枸杞、盐等适量。

做法：（1）山药削皮切块，胡萝卜切块，鸡腿剁块，焯水备用。

（2）鸡腿、胡萝卜先下锅，加水至盖过食材，烧开后小火炖15分钟。

（3）加入山药转大火煮沸后，转小火续煮10分钟，加枸杞、盐调味即可。

【山药炖鸡汤】
● 健脾益胃、助消化、降低血糖。

【豆腐什锦汤】
● 用于脾胃虚弱之腹胀、润燥生津、消渴、乳汁不足等。

【豆腐什锦汤】

材料：豆腐200克，草菇300克，黄豆芽300克，西红柿1个，姜、香菜、酱油、香油、胡椒粉、白糖、盐等适量。

做法：（1）豆腐、西红柿切片，草菇切两半，姜切丝，香菜切碎。

（2）热油，放入姜丝爆香，倒入草菇和黄豆芽炒至八成熟，向锅中加水，再放入西红柿和豆腐，煮至沸腾。

（3）加香菜、酱油、香油、胡椒粉、白糖、盐调味即可。

【栗子羊肉汤】

材料：生姜3片，羊肉500克，栗子200克，香菇5朵，葱花少许。

做法：（1）将羊肉洗净切块，焯水备用；香菇洗净切丝；栗子去壳。

（2）将以上所有的食材放入锅中，加适量水煮沸后，再用小火慢炖50分钟左右，煮至软烂，起锅前加入适当的调味料调味即可。

小提示

【栗子羊肉汤】
● 为助元阳、补精血、疗肺虚、益劳损之佳品。

【鸡蛋炒香菇】
● 可帮助延缓衰老、提高机体免疫功能。

【鸡蛋炒香菇】

材料：鸡蛋1个，香菇200克，黄椒1个，蒜4瓣，盐、酱油、五香粉、鸡精等适量。

做法：（1）黄椒、香菇切块，蒜剁碎，鸡蛋打碎搅匀。

（2）锅中放油，将打碎的鸡蛋炒匀成块，放入黄椒块和蒜末煸炒出香味，再加入香菇块和适量水、盐、酱油、五香粉、鸡精搅拌均匀，炒至熟。

【南瓜煮黄豆】

材料：黄豆半碗，南瓜200克，姜1小块，糖、盐、五香粉、酱油等适量。

做法：（1）姜切片，南瓜切块，黄豆入水浸泡5小时，备用。

（2）油烧热后放姜片炒香，再放入南瓜和黄豆，加适量水、盐、五香粉、酱油和糖。

（3）烧开后改小火再煮5分钟，盛出即可。

小提示

【南瓜煮黄豆】
● 补中益气、消食降脂，可帮助防治冠心病、高血压。

【南瓜排骨汤】
● 有解毒、帮助消化等功效。

【南瓜排骨汤】

材料：粳米100克，排骨500克，小南瓜1个，红豆1把，盐等适量。

做法：（1）粳米浸泡1小时，排骨剁成小块，小南瓜去皮切片。

（2）将粳米放入锅中，加适量的水，煮至沸腾，再放入排骨、小南瓜、红豆。

（3）煮开后转小火，煮至汤浓肉烂，加盐调味即可。

【清心莲子田鸡汤】

材料： 田鸡3只，鲜莲子150克，棉布袋1个，人参和茯苓各10克，生姜5克，盐适量。

做法： （1）将鲜莲子淘洗干净，人参、茯苓、生姜放入棉布袋中扎紧；两者都放入锅中，加6碗水以大火煮开后，再转成小火熬煮约30分钟。

（2）将田鸡用清水冲洗干净，剁成块，放入汤中一起煮熟。捞出棉布袋，加入盐调味即可。

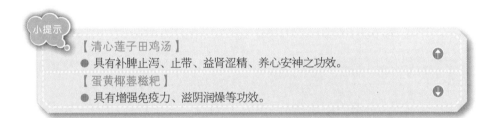

小提示

【清心莲子田鸡汤】
● 具有补脾止泻、止带、益肾涩精、养心安神之功效。

【蛋黄椰蓉糍粑】
● 具有增强免疫力、滋阴润燥等功效。

【蛋黄椰蓉糍粑】

材料： 糯米粉300克，鸡蛋2个，椰蓉、白糖、澄面、猪油等适量。

做法： （1）澄面用开水烫熟，加入糯米粉、白糖、猪油、鸡蛋、清水搅拌均匀，用手捏成如图的样子。

（2）将捏好的剂子放入蒸笼中蒸熟。出锅后撒上椰蓉即可。

【牛肉粥】

材料：牛肉1小块，粳米半碗，鸡蛋2个，熟芝麻、葱、盐、酱油等等适量。

做法：（1）粳米浸泡半小时，牛肉和葱分别切末，鸡蛋取蛋黄，打散待用。

（2）热油，放入葱末和牛肉末煸炒，加盐和酱油炒至熟透，盛出。

（3）将粳米倒入锅中，加水，煮至熟烂时，将蛋黄液淋入锅中，再倒入炒好的牛肉末和熟芝麻，搅拌均匀即可。

小提示

【牛肉粥】
● 具有补脾胃、益气血、除湿气、消水肿、强筋骨等作用。

【鳗鱼枸杞汤】
● 可帮助提高人体的免疫力。

【排骨枸杞汤】

材料：排骨500克，枸杞15克，米酒15克，盐1小匙，香菜末少许。

做法：（1）排骨洗净切段，放入沸水中氽烫，捞出备用。

（2）将排骨放入锅中，加水盖过材料，撒入枸杞，然后大火煮沸。

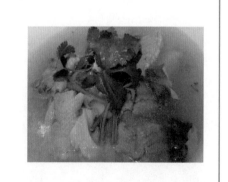

（3）煮沸后再加入一些水，转小火煲煮约40分钟，快熟时，加入盐、米酒、香菜末调味即成。

【酸辣肚丝汤】

材料：猪肚300克，鸡蛋2个，红辣椒、姜、醋、胡椒粉、盐、香菜末、花椒油、鸡精、香油、淀粉、酱油等适量。

做法：（1）猪肚洗净切丝，放入沸水中焯熟，红辣椒切段，姜切片，鸡蛋打碎拌匀。

（2）将红辣椒段、姜片、猪肚丝、胡椒粉、醋、酱油和适量的水倒入锅中，煮至沸腾。

（3）淀粉加水勾芡，淋入锅中，再将盐、花椒油、鸡蛋液、鸡精、香油放入锅中，搅拌均匀，煮至沸腾，撒香菜末即可盛出。

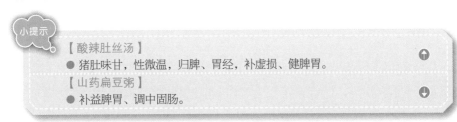

小提示

【酸辣肚丝汤】
● 猪肚味甘，性微温，归脾、胃经，补虚损、健脾胃。

【山药扁豆粥】
● 补益脾胃、调中固肠。

【山药扁豆粥】

材料：粳米半碗，山药1根，扁豆1把，红枣3个，白糖适量。

做法：（1）粳米入水浸泡半小时，山药洗净去皮，切成小块。

（2）将扁豆、红枣、粳米放入锅中，加入适量的水，煮沸后再倒入山药块，煮至粳米烂熟。

（3）将白糖倒入锅中，搅拌均匀，稍焖一会儿即可。

第五节　特效方：四君子汤

选四君益气，补养脾气

对气虚体质者来说，科学的药补应当在中医师的指导下进行：一般情况下，医生会依据人体的气血阴阳和五脏六腑的证候开出进补药方，并根据气候和人体状况的变化适时地对药方做出调整。经常有中年人在天气转凉之后感到心慌胸闷、气短、乏力，有时甚至感觉自己连说话的力气都没有，整个人看上去很疲倦，可到医院又查不出具体病因，这便是气虚体质的表现，需要补气。

▶▶ 补气，切莫乱吃补药

气虚的症状常见于女性，且常于外表上体现，头发干涩枯黄，不易梳理，用再多的护发产品也没用；脸色发黄，皮肤没有光泽……这个时候，就应该考虑补气了。当然，也有人推荐使用保健类产品补气，但是购买保健品时一定要仔细确定其保健功能和使用禁忌，因为同一种保健品并不一定适合所有人，也不是所有的保健品都适合长时间服用。医学认为保健品只能起到改善和调节人体功能的作用，对疾病没有治疗的功效，而药物的作用是任何保健品都不能替代的。

药物补气有一些需要注意的事项。可以用来补气的药材有很多，如大枣、人参、党参、山药、黄芪、紫河车、茯苓、白术、薏苡仁、莲子等，这些药材平时都可以用来补气，也可以煲汤进行食补。而比较安全有效的药方当首选四君子汤，由人参、白术、茯苓、甘草四味药组成。

气虚体质者总是面色苍白，血压较低，同时伴有头晕，蹲下后一站起来就眼前发黑，感觉就要晕倒，如果这种情况特别严重，可以吃一些补中益气丸。有的气虚体质者在气候和温度发生变化时，就会打喷嚏，这类患者可以吃玉屏风散。

有些气虚体质者平日吃的东西较少，且稍微多吃点东西就容易胀肚子或经常拉肚子、大便不成形；还有一些人不能长时间用脑，否则就会引发失眠，经常睡不好、吃不好，经过一段时间后，就会脸色蜡黄、心慌，工作起来注意力涣散、记不住东西，工作效率明显下降，针对此类情况，中医认为可以吃归脾丸。

▶▶ 四君子汤和玉屏风散

四君子汤，主要是由人参、白术、茯苓、甘草四味药组成，如果没有人参，可以用党参代替，但是用量与人参相比要稍微加大。此方中人参甘温，益气补中为君药；白术健脾燥湿，合人参以益气健脾为臣药；茯苓渗湿健脾为佐药；甘草甘缓和中为使药。四君子汤中的四味药材都属平和之品，温而不燥，补而不峻，故名四君子汤。四君子汤对气虚有很好的疗效，其药性益气健脾，又极为平和，主治久病初愈而身体虚弱、短气乏力、神疲、口淡无味等。

在服用四君子汤的时候，其药剂量一定要视具体情况而定，不宜过大。一般情况下，成年人的药剂量为：人参10克（或党参15克），白术、茯苓各15克，甘草6克；而儿童的药剂量为：人参8克（或党参12克），白术、茯苓各12克，甘草6克。

玉屏风散由三味药组成，分别是黄芪、白术、防风。在此方中，黄芪益气固表为君药；白术健脾、固表止汗为臣药；防风可祛风解表驱邪，与黄芪、白术相配，既能固卫疏表，又能避免因"补"出现留邪之弊，所以三味药的结合可以说是相得益彰，是治疗体虚感冒的良药。

玉屏风散如同屏风一般的保护效果对因肌表卫气不固出现畏风、自汗及因体质虚弱易感冒者，尤其对那些年纪较大的气虚体质者，无论是治疗还是预防，都有很好的效果。同时，玉屏风散除了能够提升患者的"正气"以抵御外邪之外，还能缓解感冒早期出现的轻微症状，比如伤风后出现的鼻塞、怕冷等症状。

▶▶ 人参、黄芪最补气

人参是补气药材中名气最大的，它具有大补元气、补五脏气、生津止渴、安神益智、补血等诸多作用，所以严重的气虚，肺、脾、心、肝、肾五脏的气虚、血虚患者都可以食用。

人参当属东北地区出产的最为地道。人参作为名贵药材，十分珍贵，所以食用的方法也很讲究，最常见的是炖，隔水文炖才是最理想的。将人参切成直径约2厘米的薄片，放入炖盅内，加水，封口，放到加水的锅内蒸炖4～5小时即可。

除了人参，黄芪在补气药中也是赫赫有名，最著名的十全大补汤就是以它为主药。黄芪的作用很多，也很全面，它能够补脾肺气、利水消肿、托毒生肌。

第三章 血虚体质

第一节　你是血虚体质吗

● **小测试：看看你是血虚体质吗？**

1. 劳累过后，你经常感觉到头晕或者头痛吗？　　　　　　　○是　○否

2. 你是否经常手脚麻木？　　　　　　　　　　　　　　　　○是　○否

3. 与别人相比，你更容易小腿抽筋吗？　　　　　　　　　　○是　○否

4. 每天早上起床照镜子，你经常为自己面无血色而忧心吗？　○是　○否

5. 晚上睡觉时，你是不是没完没了地做梦，并且很容易被惊醒？○是　○否

6. 平常稍微听到什么动静，你都会吓一跳吗？　　　　　　　○是　○否

7. 你经常需要用眼药水来缓解眼睛的干涩症状吗？　　　　　○是　○否

8. 你是否觉得自己的指甲比别人的薄？　　　　　　　　　　○是　○否

9. 如果你是女性，你的月经是不是总迟到？　　　　　　　　○是　○否

10. 如果你是女性，每次月经，你是不是只用几片卫生巾就够了？

　　　　　　　　　　　　　　　　　　　　　　　　　　　○是　○否

11. 每天早上梳完头发，你是不是都要心疼梳子上或者地上
　　大把大把的头发？　　　　　　　　　　　　　　　　　○是　○否

12. 年纪轻轻，你就谢顶了吗？　　　　　　　　　　　　　　○是　○否

13. 你是否发现，自己竟然比父母还先有白发？　　　　　　　○是　○否

14. 上完厕所，你是否发现，大便黏在便池上，怎么冲也冲不掉？○是　○否

15. 大便的时候，你发现大便很干？　　　　　　　　　　　○是　○否

16. 大便完毕，你是否发现，怎样擦也擦不干净，往往需
要用很多卫生纸？　　　　　　　　　　　　　　　　○是　○否

17. 你的头发是否经常开叉？　　　　　　　　　　　　　○是　○否

18. 你是否皮肤发暗，不得不靠亮颜色的衣服来装扮自己？　○是　○否

19. 无论冬夏，你是否比别人更少出汗？　　　　　　　　○是　○否

20. 躺在床上，你是否翻来覆去睡不着觉？　　　　　　　○是　○否

21. 如果你是女性，你是不是白带比较少，内裤上总是干干

净净，而自己又觉得很干燥呢？　　　　　　　　　　○是　○否

22. 刚洗完澡，你会觉得身上莫名其妙地痒吗？　　　　　○是　○否

23. 仔细检查自己的指甲，上面有横纹、竖纹或凹面吗？　○是　○否

24. 随便碰到什么东西，你的指甲都很容易断吗？　　　　○是　○否

25. 你是否经常出现这样的情况，明明记得要拿什么东西，
但别人一打岔，就忘记了？　　　　　　　　　　　　○是　○否

26. 不管用多好的护发产品，你的头发是否仍然干枯、无光泽？○是　○否

27. 与别人相比，你的嘴唇颜色很淡吗？　　　　　　　　○是　○否

28. 蹲下后再起立，你会觉得眼前发黑、眼冒金星吗？　　○是　○否

　　上面共有28个问题，每选择一个"是"，说明你离血虚体质又近了一步。那么，与别人相比，你选择的更多吗？如果是这样，那么我非常遗憾地告诉你：你该补血了。

第二节　补血养颜常用中药

　　常用的补血养生中药有很多，如当归、阿胶、白芍、枸杞等。它们的主要作用及用法介绍如下。

枸杞

　　中医认为，枸杞的果实、叶、根、皮皆可入药。味甘、性平，入肝肾经，有补肝明目、温肾润肺的效果。长时间食用枸杞子可以延缓衰老，延年益寿，所以很多滋补食物和药物经常取枸杞相配伍，以提高药效。如枸杞加玉竹、龙眼、鹌鹑制成强心益智汤，可强心益智，调补肝肾；加山药、熟地、茯苓等制成左归饮，则能治肾水干枯、身体虚弱、大便干燥等症；加菟丝子、山药、山茱萸肉、茯苓、当归、熟地黄、杜仲等制成的归肾丸，能帮助治疗肝肾虚弱、精衰血少、虚劳咳嗽、腰酸腿痛、阳痿遗精等症。

　　现代药理实验也表明，枸杞能有效抑制脂肪在肝脏内的沉积，改善肝脏功能，促进肝细胞的再生，改善心肌缺血状态和动脉硬化程度，降低血压，调节人体免疫功能。

在日常使用过程中，枸杞可以单方应用，也可以与其他中药配伍使用。开水浸泡枸杞代茶长期饮用，具有强筋健体、延缓衰老的功效。与其他中药配伍，有著名的中成药杞菊地黄丸，其治疗腰膝酸痛、双眼干涩及视物昏花等症的效果非常理想。

当归

当归有提高全身代谢的功效，能保护肝组织，调节心率和血压，改善动脉粥样硬化斑块形成的病理过程，调整中枢神经抑制与兴奋的平衡，且有镇静、镇痛、消炎之作用，可用于冠心病、心绞痛、心肌梗死、心率失常、高脂血症、动脉硬化症、脑血栓形成等老年常见病，起到延年益寿的作用。

中医认为，当归味甘、辛，性温，归肝、心、脾经，其根可入药，是最常用的中药之一。具有补血和血、调经止痛、润燥滑肠的功效。当归可入汤、丸、散剂，又可浸酒、熬制，不过，脾湿中满及大便溏泄者应当慎用此药。

阿胶

阿胶是黑驴皮经煎煮浓缩制成的固体胶，为补血滋阴养生佳品。日常食用可以促进血红蛋白的形成，促进钙的吸收，有助血清中钙的存留，有防治进行性肌营养障碍的作用，能对抗创伤性休克。

中医认为，其味甘、性平，功能为补血止血、养血滋阴、补肺润燥、添精固肾、强健筋骨、抗衰延年，可用于贫血、心悸、咯血、燥咳、崩漏、先兆流产、产后血虚等症。通常来讲，阿胶每次的用量为6~15克，而且不能直接入煎，必须是单独加水蒸化，再入汤液服用。因为阿胶性质滋腻，所以脾胃虚弱、消化不良的人不宜食用。

何首乌

何首乌为蓼科多年生缠绕藤本植物。何首乌的干燥块根是中医药材中常用的滋补强壮之物。因其内含卵磷脂、淀粉、粗纤维等物质，所以对降低血清胆固醇、预防动脉粥样硬化的形成有不错的作用。

中医认为，何首乌味苦、甘、涩，性微温。有补肝肾、强筋骨、益精血、乌须发、悦颜色、增气力、抗衰老的功效，因此被用来治疗肝肾不足、头晕耳鸣、精血亏虚、须发早白、失眠多梦、肢体麻木、腰膝酸软、筋骨酸痛、崩漏带下等症。不过，脾虚泄泻及痰湿重者忌用。

熟地黄

熟地黄含有地黄素、糖类和氨基酸等成分，有强心和降血糖的作用，在选择时，以切断面油润乌黑、味甜者为佳。

中医认为，熟地黄味甘，性微温，其补肾阴、益精血的功能显著，主治肾虚阴亏，头晕目眩、腰酸、遗精、崩漏等症。不过，使用时也有些注意事项，如平素有消化不良、食欲下降、腹泻以及胸脘胀满、舌苔厚腻之湿盛症的人不要食用，而且熟地黄忌与萝卜、葱白同食。

白芍

白芍含挥发油、苯甲酸、鞣质、芍药碱等物质。能降低实验动物的肠、胃、子宫的滑肌张力；芍药苷对中枢神经系统有抑制作用。

中医认为，白芍味苦、酸，性微寒，功能养血敛阴，柔肝止痛，平抑肝阳。适用于月经不调，经行腹痛，盗汗自汗，肝气不和所致的胁痛、腹痛，手足拘挛疼痛，肝阳上亢所致的眩晕、头痛等症。

第三节　补血养颜饮食调节

不适合血虚体质者食用的食物有大蒜、姜、葱、羊肉、狗肉、猪头肉、生萝卜、芹菜、荸荠、荷叶、白酒、薄荷、菊花、槟榔等。此外，血虚体质者宜少吃辣椒、肉桂、胡椒、芥末等辛辣热性食物。中医认为，过食热性之品，易助内热、伤阴血。血虚体质者也不适合饮浓茶。

黑米味甘，性平。有"补血米"之称。能滋阴补肾、健身暖胃、明目活血、清肝润肠等，对于血虚引起的头发花白、头晕目眩、脾胃虚弱及肾虚水肿都有疗效。食用前需浸泡。常用黑米与大米同煮粥，能够滋养身体。

　　黑豆味甘，性平，有"黑豆乃肾之谷"之誉。黑豆，有滋肾、补肾、强身、活血利水、解毒、活血润肤等功效，能改善肾虚导致的白发、脱发。常食黑豆还有明目的功效。

　　红豆味甘，性平。有活血、排脓、消肿、解毒、利小便等功效，李时珍称之为"心之谷也"。红豆中富含叶酸，对产妇、乳母有滋补功效。血虚体质者经常食红豆粥、豆沙包等红豆制品，有助于改善体质。

　　大枣味甘，性温，是补气养血的"圣品"，含有丰富的营养，富含铁和磷等造血原料。能补中益气、养血安神，还有健脾作用，对虚证都有补益调理作用。煮食时加入红糖，效果更好。

　　桑葚味甘，性寒。有补血滋阴、安神养颜、生津润肠、清肝明目等功效。能治疗白发、头晕目眩、心悸耳鸣、腰膝酸软、大便干结等。常食可以养颜美容、补肝益肾、改善性功能。

桂圆味甘，性温。有养血益脾、补心安神、润肤美容等多种功效，对于血虚头晕、心悸、失眠、神经衰弱等有较强的滋补作用。一次不可食用过多，且其性温生燥，不适合阴虚体质的人食用。

黑芝麻味甘，性平。具有滋养肝肾、养血润燥的作用。富含维生素E、维生素B_1和铁，能够预防贫血、活化脑细胞、降低胆固醇。可辅助治疗贫血、高脂血症、高血压病，还能养颜黑发。

花生味甘，性平。能补脾益气、疏通经络，可用于产妇通乳，常食用可改善气色。其中含有的维生素K有止血作用，对出血性疾病有辅助治疗作用。将花生与大枣一起熬汤最适于血虚、血瘀者饮用。

核桃味甘，性温，无毒。有健胃、补血养气、止咳平喘、润燥通便等功效。核桃与薏苡仁、栗子等同吃，能治遗精、尿频、腹泻等；与芝麻、莲子同吃，能补心健脑，对治疗盗汗有效。含有丰富的维生素E，能抗衰老。

　　菠菜味甘，辛性凉。具有补血止血、通血脉、止渴润肠、滋阴平肝等功效。富含维生素C和叶酸，对高血压、便秘、贫血、坏血病、皮肤过敏和糖尿病患者有益。

　　木耳味甘，性平，是典型的滋阴补血食物，有益气凉血、养肺润肠、养神美容之效，特别适合患缺铁性贫血的人食用。常食可防治贫血，改善血虚引起的齿龈疼痛、脱肛、便血、崩漏等症。

　　丝瓜味甘，性平。具有通经络、顺气血、凉血解毒等功效，还有防治妇科病的功效，用老丝瓜泡酒可以催乳，调节子宫出血或血崩。能有效地活血、止白带，对痛经治疗效果明显。适合做汤食用。

　　乌鸡有"药鸡"之称，滋补效果极佳，有滋阴补肾、养血益肝、退热补虚等功效，对于体虚血亏、肝肾不足、脾胃不健者有极强的调理作用。常喝乌鸡汤还有美容养颜之功效。

鸡蛋营养价值较高，有滋阴润燥、补肺养血、除烦安神、补脾和胃等功效，能治疗血虚引起的头眩晕、夜盲症、营养不良、脾胃不和、心悸烦躁等。阴虚体质者也可常食来缓解各种干燥的症状。

猪肝、羊肝、牛肝、鸡肝等动物肝脏含有丰富的维生素和铁、磷等元素，具有滋肝补血的作用。多食动物肝脏有补血功效，面色萎黄者适当吃动物肝脏可改善体质。

动物血有"液态肉"之称。能补血美容、解毒清肠，铁含量尤其丰富，能改善贫血。可补血解毒滋阴，对于女性血虚引起的行经潮热或者血热头晕耳鸣有较好的调理作用。

牡蛎味咸、涩，性微寒，具有滋阴补血的功效。其中的维生素B_{12}和钴元素是预防恶性贫血所不可缺少的，所以食用牡蛎能够活跃人体的造血功能，对血虚体质有良好的补益作用。

乌贼味咸、涩，性微温。蛋白质含量高，还含有多糖、磷酸钙、镁盐等。能养血滋阴，李时珍称其为"血分药"，适合阴血不足、肝肾亏虚，尤其是女性血虚者食用，血虚经闭的人常吃乌贼会有改善。

带鱼味甘，性温。能滋阴、养肝止血、和中开胃、补虚益气。适合久病体虚、血虚头晕、食欲不振、营养不良的人食用。吃法多样，可煎炸食用或煮汤。与木瓜同食，可用于产后少乳、外伤出血等症。

鳝鱼味甘，性温。能补中益气、养血益脾、滋肝补肾、祛风通络，为温补强壮之品。可用于内痔出血、产后瘦弱、肾虚腰痛、倦怠乏力、风湿麻痹等症。注意，不新鲜的鳝鱼不可食用。

红糖味甘，性温。"温而补之，温而通之，温而散之"，能益气补血、健脾暖胃、止痛、活血化瘀，对于促进新陈代谢很有好处。阴虚内热者、消化不良者不宜食用。

蓝莓能预防心血管疾病、糖尿病、阿尔茨海默病、癌症以及白内障等，还能缓解腹泻和便秘以及消化系统的炎症。可强健心脏，降低胆固醇，减少得冠状动脉疾病的概率，进而预防心脏病发作及中风。

第四节　补血养颜养生食谱

血虚体质的养生食谱

【桂圆养生粽】

材料：红豆半杯，松子1汤匙，燕麦片1/3杯，红、白糯米各1杯，枸杞1汤匙，板栗2个，桂圆肉1汤匙，红枣3颗。

做法：（1）将红枣去核，桂圆肉切碎，板栗切片；红豆、燕麦片与红、白糯米泡好备用。

（2）将以上所有材料放在电饭锅内煮，煮熟后搅拌均匀。放入松子、枸杞等，再包入粽叶或锡箔纸内，食用前蒸一下即可。

【花旗参炖乌鸡】

材料：乌鸡1只，猪肉200克，花旗参10克，姜片、盐、糖等适量。

做法：（1）乌鸡、猪肉切块焯水后捞出，和花旗参一起放入炖盅。

（2）加适量清水，烧开后小火慢炖3小时，再放入姜片及盐、糖等调味料，略煮入味即可。

【花生大枣炖猪蹄】

材料：花生仁、大枣各适量，猪蹄500克，料酒、酱油、葱、姜等适量。

做法：（1）葱洗净切碎，姜洗净切丝，大枣泡发洗净。

（2）猪蹄刮洗干净，放入水锅中煮沸，撇去浮沫，加入料酒、酱油、葱、姜、花生仁、大枣煮40分钟，加盐调味即可。

【花生大枣炖猪蹄】
● 可美容、补血、通乳、健腰脚、托疮。

【桂圆煲猪心】
● 具有生津、益气、补脑、强心之功效。

【桂圆煲猪心】

材料：猪心1个，姜片15克，桂圆35克，党参10克，大枣15克。

做法：（1）猪心洗净，去肥肉，切小片，大枣洗净去核，党参洗净切段备用。

（2）猪心用沸水氽烫后，捞出沥干水分。

（3）砂锅上火，加2升水，放入猪心和其他材料，大火煮沸后改用小火煲约2小时，最后再加调味料即可。

【参须枸杞炖排骨】

材料：排骨500克，参须15克，枸杞10克。

做法：（1）排骨清理干净后汆烫去腥，捞出再冲净，盛入炖锅。

（2）参须洗净，撒在排骨上，加水盖过材料，移入电饭锅，再加适量水。

（3）炖至开关跳起，揭开锅盖撒入枸杞，再按一次开关，炖至开关跳起，加盐调味即可。

小提示

【参须枸杞炖排骨】
● 益气、生津、止渴。
【海参炖鸡翅】
● 补气血、强筋骨、安五脏。

【海参炖鸡翅】

材料：海参300克，鸡翅200克，姜、盐、料酒、酱油等适量。

做法：（1）海参洗净切块，姜切碎；鸡翅洗净沥干，加入盐、料酒、酱油腌10分钟。

（2）油锅烧热，放入鸡翅炸至鸡皮呈金黄色，捞出沥干。

（3）姜加油爆香，倒入料酒，放海参炒透，再投入鸡翅及其他调料，加入清水煮开后，小火炖十几分钟即可。

【制首乌炒猪肝】

材料：猪肝300克，韭菜250克，豆瓣酱8克，制首乌20克，淀粉适量。

做法：（1）猪肝切片，焯水捞出，韭菜切小段。

（2）制首乌加水煮沸后小火煮10分钟，滤取药汁加淀粉勾成芡汁。

（3）起油锅，将韭菜、猪肝与豆瓣酱一起炒匀，再淋上芡汁即可。

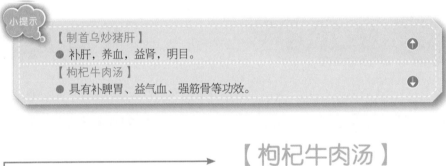

小提示

【制首乌炒猪肝】
● 补肝，养血，益肾，明目。

【枸杞牛肉汤】
● 具有补脾胃、益气血、强筋骨等功效。

【枸杞牛肉汤】

材料：山药600克，牛肉500克，枸杞10克。

做法：（1）牛肉切块焯水后洗净，山药去皮洗净切块。

（2）将牛肉盛入煮锅，加7碗水以大火煮开，转小火慢炖1小时。

（3）加入山药、枸杞，续煮10分钟，加盐调味即可。

【猪血菠菜汤】

材料：猪血300克，菠菜200克，葱、蒜片、香油、盐等适量。

做法：（1）菠菜择洗干净、切段，葱洗净切碎，猪血洗净切块。

（2）油锅置火上烧热，放入葱花、蒜片炒香，加入适量清水煮开。

（3）放入猪血再煮开，加入菠菜段、盐，煮至变色，淋上香油即可。

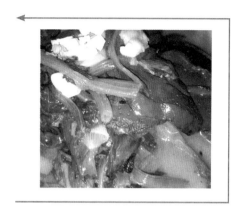

小提示

【猪血菠菜汤】
● 具有润肠通便、清热、润燥、止血的功效。

【人参蒸嫩鸡】
● 大补元气、固脱生津、安神。

【人参炖嫩鸡】

材料：小公鸡1只，姜1块，人参3克，精盐、枸杞、干红枣、味精、料酒、胡椒粉等适量。

做法：（1）人参用温水洗净，姜切片，鸡剁成块，焯水备用。

（2）鸡块和人参一起放入碗中，加姜片、枸杞、干红枣、味精、料酒、精盐、胡椒粉腌渍15分钟。

（3）将腌好的食材一起放入锅中加清水炖至熟烂即可。

【大枣乌鸡汤】

材料：乌鸡半只，绿茶10克，葱花20克，大枣20粒，枸杞子5克，棉布袋1个，盐、香油等适量。

做法：（1）先将大枣泡软，乌鸡洗净、剁块，绿茶用棉布袋装好备用。

（2）将剁好的乌鸡块放入锅中，放入茶袋、枸杞、大枣，并加水至盖过鸡块为止。

（3）煮沸后慢熬1小时，加盐调味，撒上葱花，淋上香油即可。

【大枣乌鸡汤】
● 具有补血、益气、滋阴的功效，对于月经不调有一定疗效。

【冬菇鳝片粥】
● 可帮助祛脂降压、养肝、降低胆固醇、预防肝硬化。

【香菇鳝片粥】

材料：粳米半碗，鳝鱼1条，香菇4朵，芹菜2棵，高汤、淀粉、红辣椒、胡椒粉等适量。

做法：（1）将粳米做成米饭，香菇切条，芹菜切末。

（2）鳝鱼剖洗干净，片下鳝鱼肉，切成片，放淀粉和胡椒粉抓匀。

（3）将香菇条、鳝鱼片和适量的高汤倒入锅中，煮至沸腾，再加入米饭和芹菜末，煮熟即可，口味重者可加入红辣椒食用。

【大枣当归鸡腿】

材料：鸡腿100克，大枣5克，当归2克，米酒、酱油等适量。

做法：（1）大枣、当归放入碗中，倒入米酒，浸泡3小时左右。

（2）鸡腿用酱油抹匀，放置5分钟，入油锅中炸至两面呈金黄色后取出切块。

（3）鸡腿块放入锅中，倒入大枣、当归、米酒，转中火煮15分钟，摆盘即可。

小提示

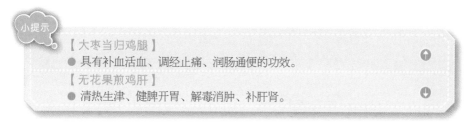

【大枣当归鸡腿】
● 具有补血活血、调经止痛、润肠通便的功效。

【无花果煎鸡肝】
● 清热生津、健脾开胃、解毒消肿、补肝肾。

【无花果煎鸡肝】

材料：鸡肝150克，无花果干3粒，砂糖1大匙。

做法：（1）鸡肝洗净，放入沸水中氽烫，捞起沥干；将无花果干洗净、切小片。

（2）锅中加一匙油，待油热后将鸡肝、无花果干一同爆炒，直到鸡肝熟透、无花果飘香四溢。

（3）砂糖加1/3碗水，煮至溶化；待鸡肝煎熟盛起，淋上糖汁调味。

【阿胶牛肉汤】

材料：牛肉100克，阿胶15克，米酒20毫升，生姜10克，干枣、枸杞、葱花、精盐等适量。

做法：（1）将牛肉去筋切片。

（2）将切好的牛肉片与生姜、米酒一起放入砂锅，加入适量的水，用小火煮30分钟左右。

（3）最后加入阿胶及干枣、枸杞煮至阿胶化开，再加入葱花、精盐调味，搅拌均匀即可。

小提示

【阿胶牛肉汤】
● 有滋阴养血、温中健脾等功效。

【糖醋带鱼】
● 有补脾、益气、暖胃、养肝、泽肤、养血的作用。

【糖醋带鱼】

材料：带鱼500克，盐、淀粉、酱油、醋、白糖、葱、姜、蒜、花椒油等适量。

做法：（1）带鱼洗净，切成5厘米左右的段，用盐腌渍。

（2）在锅中放油，烧至七成热，将带鱼裹上一层湿淀粉，放入锅内，炸至金黄色装盘。

（3）葱、姜加油爆香，蒜炒香，放入炸好的带鱼段，加酱油、醋、白糖翻炒数下，淋上花椒油即可出锅。

【白果莲子乌鸡汤】

材料：白果30克，乌鸡腿1只，新鲜莲子150克，姜、盐等适量。

做法：（1）乌鸡腿洗净、剁块，汆烫后捞起，用清水冲净。

（2）盛入煮锅加水至盖过材料，以大火煮开转小火煮20分钟。

（3）莲子洗净放入煮锅中继续煮15分钟，再加入白果煮开，加姜、盐调味即可。

小提示

【白果莲子乌鸡汤】
● 有补肾涩精、活血调经等功效。
【川味烩鱼块】
● 有补脾健胃、利水消肿、通乳、清热解毒等功效。

【川味烩鱼块】

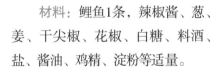

材料：鲤鱼1条，辣椒酱、葱、姜、干尖椒、花椒、白糖、料酒、盐、酱油、鸡精、淀粉等适量。

做法：（1）将鲤鱼洗净，切成块状，葱切段，姜切片，干尖椒切小段。

（2）锅中放油烧热，将鱼块下锅炸至两面微黄捞出待用。

（3）葱段、姜片、干尖椒、花椒加油炒香，下辣椒酱翻炒，加入炸好的鱼块，加白糖、料酒、盐、酱油翻炒。加少量水，待锅中收汁，加鸡精，勾芡搅匀即可。

【核桃鱼头汤】

材料：桂圆肉25克，鱼头1个（约500克），核桃仁30克，豆腐250克，米酒、姜、葱、枸杞、盐、味精、鸡油、胡椒粉等适量。

做法：（1）将桂圆肉、核桃仁洗净，鱼头清理干净，豆腐切块。

（2）将桂圆肉、鱼头、核桃仁、姜、葱、豆腐、枸杞、米酒同放入炖锅中，用大火煮沸。

（3）再转小火煮30分钟，再加入盐、味精、鸡油、胡椒粉即成。

小提示

【核桃鱼头汤】
● 顺气补血、止咳化痰、润肺补肾、滋养皮肤。

【冬菇鹌鹑蛋】
● 有补益气血、强身健脑、丰肌泽肤等功效。

【冬菇鹌鹑蛋】

材料：冬菇（鲜）800克，鹌鹑蛋500克，火腿10克，上汤约200克，绍酒、鸡精、芝麻油、葱花、盐、淀粉等适量。

做法：（1）把火腿切成末，冬菇泡发。

（2）在冬菇有褶皱的一面撒上淀粉10克，然后将鹌鹑蛋磕入冬菇内，撒上火腿末少许，移放入平盘中，上笼蒸熟后取出。

（3）炒锅里倒入上汤，烹入绍酒、鸡精，加盐勾成芡汁浇在平盘上，淋入芝麻油，撒上葱花即可。

第五节 红茶喝出好气色

红茶+枸杞+大枣

"血"不足的血虚者，平时饮茶时可加入有补肝明目作用的枸杞和补气养血的大枣。茶叶除红茶外，还可选择焙茶。茶中浸泡的枸杞和大枣也可食用。

冲泡方法：在温热的茶杯中依个人喜好放入茶叶、2个大枣（可切成两半）、10～15粒枸杞，注入200毫升约90℃的热水，盖上茶盖浸泡，约一半的茶叶沉下去时就可饮用。可续热水。

额外推荐

● 蓝莓红茶

有暖身效果的红茶和有补血作用的黑色食材蓝莓组成完美组合。

冲泡方法：茶碗中放入7~8颗风干的蓝莓，注入冲泡好的红茶。可根据个人喜好放入砂糖。

> 蓝莓 蓝莓中的花青素能够预防心脏病的发生，减缓记忆力衰退，预防结肠癌；所含有的另一种叫紫檀芪的物质，是非常有效的抗氧化剂和抗炎剂。

● 黑豆茶

黑豆是适合血虚者的黑色食材，可调理肠胃。

冲泡方法：在500毫升水中，投入市面上出售的1茶包黑豆茶（约5克），再加黑豆20粒，煮沸后继续用小火煮10分钟，取出茶包即可饮用。也可在小茶壶中冲泡。

> 黑豆　黑豆中含有丰富的蛋白质，易于人体消化吸收。黑豆能帮助抑制胆固醇的吸收，预防动脉硬化，对血糖影响很小，适合糖尿病患者食用。

睡眠养血，休息是关键

在人的一生中，有约三分之一的时间是在睡眠中度过的，睡眠是人维持生命的一种必不可少的活动，但人为什么要睡眠呢？怎样睡眠才是对健康有利的呢？睡眠的时候，要注意哪些问题呢？

▶▶ 人的生命离不开睡眠

人睡眠的时候看起来仿佛是静止了，其实不然，这时候身体里还在进行着我们无法察觉的各种活动。这也导致了我们的睡眠会呈现出两种完全不同的状态：一种是身体相对活跃的状态，眼睛会不停地转动，会四肢活动、翻身，梦也是在这个阶段发生的；另一种是更深的无意识状态，此时人会安静地沉睡，甚至很难被叫醒。这两个阶段在整个睡眠过程中交织在一起，交替地发生着。

睡眠，不仅能让人的身体放松，还能解除精神疲劳。曾经有人提出一天只需要睡4个小时就够了，而研究者将每晚只睡4个小时的人与每晚睡8~9个小时的人放在一起作比较，结果发现两者在生理上没有什么差异——他们的身高、体重，甚至智力水平几乎都相同，但心理状态却有非常大的差别：睡眠时间充足的人非常乐观，而睡眠时间短的人总是忧心忡忡。

睡眠的功能
1.消除身体疲劳
2.恢复体力
3.处理和储存记忆
4.修复大脑损伤
5.增强免疫力

▶▶ 睡好子午觉，最利养生

我们都知道"日出而作，日落而息"，中医上也讲到，养生要随着阴阳而动，随时辰、时令而变化。睡眠的养生效果也是一样的。

《黄帝内经》中是这样论述阴阳与睡眠的：子时（夜间11点至凌晨1点）是阴阳相会、水火交泰的时间，称为"合阴"。因此，夜晚的时候人们应该停止工作，躺下来好好地休息，与此相对，日出之后阴消阳长，到午时（中午11点至下午1点）太阳升到最高点，是阳气最盛的时候，称为"合阳"，此时因为阳气最盛，而使人体处于最清醒的状态。这就是所谓"阳气尽则卧，阴气尽则寐"。

图解《黄帝内经》养生小常识

知道了一天中阴阳变化的规律，我们就要睡好子午觉，那么子午觉该怎么睡呢？这就要做到"子时大睡，午时小憩"。

（1）睡好子时觉

要在晚上11点以前上床睡觉，在子时进入最佳睡眠状态。这样不仅睡眠效果最好，还能养阴补血。及时休息能很好地补充并更新身体里的血液，保证人身体健康和精力充沛。

（2）午时应小憩

经过一上午的紧张工作，人会感到些许疲倦，这时候就可以在午时小憩片刻，静卧或者静坐30分钟就可以了，此时不适合睡过久，否则醒来之后容易头痛，头脑不清醒。

第四章　阴虚体质

第一节　你是阴虚体质吗

● 小测试：看看你是阴虚体质吗？

1. 晚上睡觉时，你是否经常做梦？ ○是 ○否

2. 你是否经常躺在床上，辗转反侧而无法入眠？ ○是 ○否

3. 你是否经常觉得很累，下班回家之后就想呆坐着不动？ ○是 ○否

4. 你是否经常想躺着？ ○是 ○否

5. 别人亢奋地说话，你是否觉得烦躁，想躲到僻静的角落？ ○是 ○否

6. 你做事是否常常觉得很累，力不从心，工作效率很低？ ○是 ○否

7. 如果你是女性，一向准时的月经，是否偶尔也会"爽约"？ ○是 ○否

8. 如果你是女性，月经量是不是越来越少？3天之内必然结束？ ○是 ○否

9. 你是否觉得自己的反应越来越迟钝，记忆力下降？ ○是 ○否

10. 你是否觉得口干，不停地喝水也无济于事？ ○是 ○否

11. 你是否经常感觉心慌气短、头晕眼花？ ○是 ○否

12. 你是否经常上火，口腔溃疡反复发作？ ○是 ○否

13. 一向不爱化妆的你，是否不得不靠粉底来提亮肤色？ ○是 ○否

14. 晚上你会不会经常感觉嗓子干，甚至会咳醒？ ○是 ○否

15. 你不管用多么好的护发产品，也无法弥补你秀发的干枯？ ○是 ○否

16. 你是否经常会便秘？ ○是 ○否

17. 你是否会口臭？ ○是 ○否

18. 你的嘴唇是否经常干得起皮？　　　　　　　　　　○是　○否

19. 你的眼睛是否经常感觉干涩或者疼痛？　　　　　　○是　○否

20. 你是否经常心烦意乱，总想向人发火？　　　　　　○是　○否

21. 晚上睡觉时，你是否有盗汗的现象？　　　　　　　○是　○否

22. 你是否经常感到手心、脚心很热，恨不得枕着冰块睡觉？　○是　○否

23. 你是否经常想吃凉菜、喝冷饮？　　　　　　　　　○是　○否

24. 相对炎热的夏天，你是否更喜欢寒冷的冬天？　　　○是　○否

　　在上述24个常见的阴虚表现中，如果你选择了5个以下的"是"，说明你的身体已经出现阴虚了，但还不严重，可以通过调整作息习惯改善；选择了6～17个"是"，说明你的阴虚较明显，该重视这个问题了。除了要养成良好的作息习惯，还要注意在饮食上选择滋阴润燥的食物；选择了18个以上的"是"，说明你的津液已经严重亏损，阴虚太重，应尽快就医，在医生的指导下使用中药进行调理，否则身体会越来越虚，影响到工作和生活。

第二节　滋阴生津常用中药

中医理论告诉人们，要想调整阴虚体质就应当补阴，而常用的补阴中药有很多，如百合、麦冬、如黄精、墨旱莲、龟板等。

沙参

沙参有南沙参、北沙参之分。南沙参以桔梗科植物轮叶沙参、杏叶沙参或其他几种同属植物的根入药；北沙参以伞形科植物珊瑚菜的根入药。南沙参体轻，质松，味甘，性微寒，可清肺火，益肺阴，可治疗兼有风热感冒而肺燥热之症；北沙参体重，质坚，味甘、微苦，性微寒，主要用于养阴清肺，生津益胃。总而言之，沙参为滋养保健之品，其"补中益气"的功能长期受到利用。

墨旱莲

墨旱莲为补阴良药。中医认为其味甘、酸，性寒，可用来补益肝肾，凉血止血。所以，《滇南本草》说其可"固齿，乌须"，《本草纲目》则称其能"乌须发，益肾阴"。

临床经验也证明，单用鲜者适量捣敷，对阴血不足易脱发者，有使黑发易生之效。眉发脱落的话，也可涂抹。

此外，墨旱莲还有凉血止血的功效，因此可治疗衄血、咯血、便血等症，不过，脾肾虚寒者忌用。墨旱莲可入汤剂、熬膏、捣汁，或入丸、散剂。

黄精

现代药理研究证明，黄精能增强心肌收缩力，增加冠状动脉血流量，改善心肌缺血，预防动脉粥样硬化及肝脂肪的浸润，并能提高机体免疫力，有促进造血、降低血糖等作用，因此常用于治疗冠心病、动脉硬化、糖尿病、肺结核及病后体弱等症。

中医认为，黄精味甘，性平，可补脾润肺，补肾益气，强筋骨，乌须发，抗衰老。在平时使用的时候，每服可为9～15克，入汤、丸、散、膏剂皆可，并可煮粥或煎水外洗，不过，中寒泄泻、痰湿痞满气滞者忌服。

百合

百合在入药的时候一般用其肉质鳞茎。中医认为，百合味甘，性微寒，能润肺止咳，清心安神，补虚强身，在治疗体虚肺弱、肺结核、咳嗽、咯血等证时有不错的效果。此外，百合还有益气调中的作用。

百合亦可单用，研末吞服，每次6克。可用于治疗惊悸，能安五脏，养胃益气，除风湿痹，久服能令人润泽美色。痰多、便溏、泄泻、呕吐者忌用。

麦门冬

临床经验证明，麦门冬能改善老年人心脏功能，还能消炎、镇咳、祛痰、平喘、利尿。在治疗老年常见疾病如冠心病、心绞痛、肺结核、慢性支气管炎等症时有显著作用。

《神农本草经》将麦门冬列为上品，因其味甘、微苦，性微寒的特征，故有养阴润肺、益胃生津、清心除烦的功效。食用时每服10～30克，但脾胃虚寒泄泻及痰饮湿浊者忌用。

鳖甲

此物为鳖的背甲，味咸，性寒，是常用的滋阴潜阳药，兼有软坚散结的功效，亦能平肝潜阳。对于因阴虚内热而产生的骨蒸痨热、肺痨干咳、痰中带血等症，可用鳖甲入药治疗。女性经闭，气血不畅，腹中瘀阻结滞而生癥块者，也可用鳖甲配合桃仁等药治疗。此外，鳖甲能抑制结缔组织增生，增加血浆蛋白，因此可用来治疗慢性肝炎、肝肿大伴有血浆蛋白倒置之症。

山萸肉

山萸肉味酸、涩，性微温，可补肾益肝、收敛固涩，是标本兼顾之药。《神农本草经》将此药列为上品，说"久服轻身"；《名医别录》说"强阴益精，消谷调中，保心神定肺气，安五脏"；《药性论》说"补肾气，兴阳道，坚阴茎，添精髓，疗耳鸣，止老人尿不节"。

临床应用也表明，山萸肉是平肝肾之要药。中年之后，凡男子性功能减退，前列腺肥大，小便频数或余沥不尽者，皆可用此作为常用药。但肾阳亢奋，下焦有热者不宜用。

天门冬

天门冬味甘、苦，性寒，有很好的清肺降火、滋阴润燥作用。《神农本草经》中称"久服轻身，益气延年"；《日华子本草》说"润五脏，益肌肤，悦颜色，补五劳七伤"。据现代研究，天门冬根含天冬素等，有抗菌及抗肿瘤的作用。

《饮膳正要》里的天门冬膏是以鲜天门冬捣汁熬膏，每服一汤匙，早晚空腹温酒下，长久坚持有益气延年之效。

冬虫夏草

冬虫夏草在滋养肺肾、止咳化痰、补虚疗损方面是闻名的良药。冬虫夏草既为治疗肺肾两虚、咳喘短气、自汗、盗汗之首选，又被用来治疗肾阳不足、阳痿遗精、腰腿酸软等症，更是身体虚衰或病后体弱滋补调养的珍品。

随着医学技术的不断发展，经过专业人员的研究，冬虫夏草的抗肿瘤作用被发现并据此制出了很多保健成品，如虫草鸡精、虫草精、虫草酒。若水煎服冬虫夏草的话，可每剂用5～15克；若炖食，常与鸡、鸭、猪瘦肉等共炖。

决明子

决明子是豆科植物草决明的成熟种子。药理实验表明：决明子中所含的大黄素有抑菌及泻下作用。有人观察决明子对100例高脂血症的疗效，治疗前后对比血清胆固醇浓度，平均下降了0.29mmol/L。

由此可见，《神农本草经》中关于决明子可使人"轻身"的说法是有根据的。

中医认为，其味甘、苦、咸，性微寒，能益肾清肝，明目通便，是最常用的明目保健药。《神农本草经》说："主青盲，目淫，肤赤，白膜，眼赤痛，泪出。久服益精光，轻身。"《本草正义》也说："决明子明目，乃滋益肝肾，以镇潜补阴之义，是培本之正治……"而历代以其明目的方法亦很多，或单用，或与他药配伍，随证而施。不过，风寒咳嗽、痰清稀者忌服。

第三节　滋阴生津饮食调节

凡阴虚体质者忌吃或少吃狗肉、羊肉、辣椒、大葱、洋葱、蒜苗、大蒜、韭菜、芥末、胡椒、花椒、肉桂、茴香、炒花生、炒黄豆、炒瓜子、荔枝、杨梅、石榴、龙眼肉、佛手柑、栗子、南瓜、刀豆、香菜等。

小米味甘，性凉。含有丰富的维生素，熬成粥后黄香柔滑、回味悠长，可益气滋阴、健脾补虚，有"代参汤"之美誉，最宜体弱的人和孕妇、儿童食用。也具有防止消化不良和口角生疮及健胃消食的作用。具有减轻皱纹、色斑、色素沉着的功效。

小麦的主要成分是淀粉、蛋白质、氨基酸和B族维生素，有养心除烦、益肾止血、和血利小便、健脾润肺四大功效。阴虚体质者常用小麦制品，有利于缓解五心烦热的症状，也有一定的滋阴润肺功效。

玉米味甘，性平。有健脾开胃、增加食欲的功效，气虚体质者常食玉米制品还可补充能量，增强气力。玉米中的维生素含量非常高，为稻米、小麦的5~10倍。玉米中还含有丰富的钙、谷胱甘肽、维生素、镁、硒和脂肪酸。

黄瓜在中药学上也属于性凉的食物，有助于缓解阴虚体质者出现的干燥的症状、大便困难、五心烦热等不适，生食还能生津止渴。其中的维生素B_1有益于神经系统，对于阴虚引起的习惯性失眠也有一定的治疗作用，可辅助治疗失眠症。

藕味甘，性寒。清脆微甜，可生食，也可用来做菜，生食能清热化瘀，止渴润燥；熟食有健脾开胃、固精止泻的功效。可用来炖鸡炖肉，能滋阴补益，强健身体。尤其是藕粉，既富有营养，又易消化。

茭白味甘，性寒。既能利尿祛湿，对治疗四肢浮肿、小便不利等症有效，还能生津止渴、清暑解烦、清热通便、解酒醉。夏季食用尤为适宜。茭白含丰富的碳水化合物、蛋白质、脂肪等营养物质，能强健身体。

苋菜对阴虚体质者来说是一味极佳的"中药"。在中药学上，苋菜性凉，有清热解毒的功能，对于阴虚体质者的口干咽痛、目赤目痛、二便不畅等有较好的疗效。但要注意，肠胃不好的人，不宜常食用。

银耳素有"延年益寿之品""长生不老良药"之誉，具有滋阴润肺、益气和血的作用，对于阴虚火旺者疗效极佳。银耳性平，有阴虚诸证者不妨常做银耳粥来喝，常食用银耳还能通便，祛除脸上的黄褐斑、雀斑。

荸荠清热化痰，滋阴润肺，健脾利湿。适于咽喉肿痛、痰热咳嗽、心烦口渴等症。其质嫩多汁，可治疗热病伤津引起的口渴，可缓解由糖尿病引起的多尿症状。其含有的荸荠英能杀菌抗菌，还有助于降低血压、预防癌症。

芦荟味苦，性寒。具有抗炎作用，尤其是芦荟多糖能增强人体对疾病的抵抗力，可用于治疗皮肤炎、慢性肾炎、膀胱炎、慢性支气管炎等病症，还具有强心、促进血液循环、软化血管、降低胆固醇含量、扩张毛细血管的作用。

猪肉与鸭肉作用相似，味甘、微寒，用于肺燥咳嗽，肠道枯燥，大便秘结，气血亏虚。《本草备要》中还说它"味隽永，食之润肠胃，生精液，泽皮肤"。常食用，既可缓解阴虚不适，又有助于改善肌肤。

蛤蜊肉质鲜美无比，被称为"天下第一鲜"。蛤蜊"性滋润而助津液，故能润五脏，止消渴，开胃也"。此外，蛤蜊还能滋阴明目。糖尿病、干燥综合征、结核病以及肿瘤等患者，都适合食用蛤蜊滋补养阴。

梨味甘，性凉。最大的作用就是滋阴润肺，具有生津润燥、滋补肾阴等功效，可治疗伤津烦渴、消渴症、口渴声哑等，还能缓解高血压、心脏病引起的头晕目眩、耳鸣等。除了生吃，煮汤食用还能止咳。

西瓜性寒，所以有"寒瓜"之称。能滋阴润肺，利尿，可保持大便的通畅，是盛夏消暑的必备品。若将西瓜皮切丝，然后与绿豆同煮，可除五心之烦，止阴虚而致的口干口渴。

有人称："秋日甘蔗赛过参。"甘蔗味甘，性寒，甘可滋补养血，寒可清热生津，所以是滋养润燥的良好食物，可治疗反胃呕吐、咽喉肿痛、大便秘结、虚热咳嗽等各种热证。尤其适合于干燥的秋冬食用。

香蕉味甘，性凉。不仅能润肠通便，更具有养阴润燥、生津止渴的作用，对于阴虚内热引起的咽干烦渴有疗效。香蕉还有"快乐水果"的美称，所含的泛酸对于阴虚内热引起的脾气暴躁、急躁也有一定的缓解作用。

猕猴桃味甘，性凉。能缓解反胃呕逆、食欲减退、烦热口渴等症，对慢性胃炎也有缓解作用。猕猴桃中的血清促进素能稳定情绪，丰富的叶酸有助于神经发育，叶黄素能预防白内障，天然肌醇能调节糖代谢，缓解忧郁情绪。

桃味甘、酸，性温。能补益气血、养阴生津，适合大病后气虚血亏、心悸气短者。含有丰富的蛋白质、维生素C、磷等矿物质，其中大量的果胶，能润肠通便，缓解便秘。不可多食，否则易导致腹部胀满。

李子味甘，性凉。清肝除热，生津止渴，特别适合阴虚引起的内热烦渴等症状。还能促进消化，增进食欲，有助于治疗胃酸缺乏、食后饱胀、大便秘结等症。鲜李子中含有多种氨基酸，生食可辅助治疗肝硬化、腹水。

橄榄鲜食味酸或甜，具有生津止渴的功效。其中维生素C的含量是苹果的10倍，橄榄中含有大量鞣酸、挥发油、香树酯醇等，具有润喉、消炎、消肿的作用。

芝麻属于甘凉滋润性食物，有滋润五脏的作用，是益肝、补肾、养血、润燥必不可少的补品，对于治疗肺阴虚所致的干咳、皮肤干燥，胃肠阴虚所致的便秘，产后阴虚血燥所致的大便不通或燥结难下、口干咽燥等都具有极佳的疗效。

无花果具有独特的甘甜味，能补脾益胃，促进消化，润肺利咽，润肠通便，缓解痔疮。还有消炎、抗癌的作用，所含的脂肪酶能降血脂，预防冠心病。所含有的丰富的氨基酸有抗白血病、消除疲劳的功效。

第四节　滋阴生津养生食谱

阴虚体质的养生食谱

【鸡丝炒百合金针】

材料：鸡胸肉200克，新鲜百合1粒，新鲜黄花菜（金针花）200克。

做法：（1）鸡胸肉洗净，切丝备用。

（2）百合剥开，处理干净；新鲜黄花菜去除蒂洗净，焯水捞起备用。

（3）油锅加热，依次放入鸡丝、黄花菜、百合，加调味料和适量水一起翻炒，炒至百合呈半透明状即可。

小提示

【鸡丝炒百合金针】
● 健脾益胃、疏肝理气、润肺止咳、补益虚损。

【松仁炒玉米】

材料：玉米粒200克，松仁20克，青椒、红椒各15克。

做法：（1）将青椒、红椒洗净，去籽去蒂，切成粒状。

（2）热锅后，放入松仁翻炒片刻，炒香后盛出。

（3）锅中加油烧热，加入青椒、红椒粒稍炒后，再加入玉米粒，炒至入味时，再加炒香的松仁和调味料炒匀即可。

小提示

【松仁炒玉米】
● 含有丰富的脂肪、棕榈碱、挥发油等，能润滑大肠而通便。

【金针木耳肉片】
● 帮助降脂健美、降压延寿。

【金针木耳肉片】

材料：猪肉片200克，干黄花菜（金针花）100克，青江菜1根，黑木耳1把。

做法：（1）干黄花菜加清水泡软，捞起，沥干。

（2）黑木耳洗净，泡发至软，切粗丝；青江菜洗净切段。

（3）煮锅中加一碗水煮沸后，放入干黄花菜、黑木耳、猪肉片，待猪肉片将熟，再放入青江菜，加调味料，待水再沸腾一次，捞出即可。

【青椒炒藕片】

材料：青椒2个，藕300克，葱、蒜、盐、醋、酱油、五香粉、鸡精等适量。

做法：（1）蒜剁成末，葱切成葱花，藕洗净切片，青椒切条。

（2）将适量的油倒入锅中，放入葱花、蒜末爆出香味。

（3）再将青椒条、藕片倒入锅中，烹入盐、醋、酱油、五香粉，翻炒至熟，最后加鸡精调味即可。

小提示

【青椒炒藕片】
● 能健脾开胃、益血补心，有消食、止渴、生津的功效。

【银雪木瓜猪肺汤】

材料：雪梨250克，木瓜500克，猪肺750克，银耳30克，姜2片，枸杞适量。

做法：（1）将雪梨、木瓜各去皮去核，洗净后切成块；银耳浸泡，洗净后撕成小朵。

（2）猪肺去除血水，氽烫后捞出切成小块。

（3）将清水放入瓦煲内，煮沸后加入所有食材，大火烧开改用小火煲3小时，加调味料即可。

【银雪木瓜猪肺汤】
● 有舒筋活络、缓解腓肠肌痉挛、补虚、止咳、止血之功效。
【莲子山药甜汤】
● 益气健脾、除湿止带。

【莲子山药甜汤】

材料：银耳100克，莲子30克，百合20克，山药100克，大枣6颗，冰糖适量。

做法：（1）银耳泡发，洗净；大枣洗净，在枣腹处划开去核。

（2）银耳、莲子、百合、大枣同时入锅煮约20分钟。

（3）待莲子、银耳变软后，即将去皮、切块的山药放入一同煮至熟，最后放入冰糖调味即可。

【蛤蜊蒸蛋】

材料：蛤蜊300克，鸡蛋200克，料酒、精盐、味精、色拉油、高汤、葱花、红椒末等适量。

做法：（1）把蛤蜊处理干净放入盘中，微波炉高火加热2～3分钟，取出，倒出蛤蜊汤汁备用。

（2）鸡蛋打散，加入料酒、精盐、味精、色拉油、高汤和蛤蜊汤汁搅拌均匀后，倒入深碗中并加盖，微波炉中火加热4分钟。

（3）把蛤蜊摆在上面，加盖后用微波炉中火加热6分钟后取出，撒上葱花、红椒末即可。

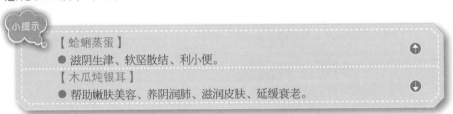

小提示

【蛤蜊蒸蛋】
● 滋阴生津、软坚散结、利小便。
【木瓜炖银耳】
● 帮助嫩肤美容、养阴润肺、滋润皮肤、延缓衰老。

【木瓜炖银耳】

材料：木瓜1个，银耳100克，杏仁5克，枸杞、味精、白糖等适量。

做法：（1）先将木瓜洗净，去皮切块；银耳泡发，洗净；杏仁洗净，泡发。

（2）炖盅中放水，将木瓜、银耳、杏仁、枸杞一起放入炖盅，大火煮沸。

（3）改成小火炖制1～2小时后，在炖盅中放入味精、白糖，拌匀即可。

【银耳雪梨大枣汤】

材料：雪梨1个，大枣10颗，银耳、枸杞、冰糖等适量。

做法：（1）雪梨去皮和核，切成小块；银耳入水泡发待用。

（2）将雪梨块、大枣、枸杞和适量的水倒入锅中，煮至沸腾。

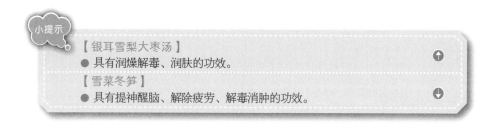

（3）转小火，将银耳和冰糖倒入锅中同煮，待大枣软烂，即可关火。

> **小提示**
>
> 【银耳雪梨大枣汤】
> ● 具有润燥解毒、润肤的功效。
> 【雪菜冬笋】
> ● 具有提神醒脑、解除疲劳、解毒消肿的功效。

【雪菜冬笋】

材料：雪菜100克，冬笋200克，精盐、味精、红椒块、淀粉、香油等适量。

做法：（1）雪菜洗净，切成3厘米长的段；冬笋洗净，切成小块。

（2）炒锅烧热，放入植物油；待油热后加入冬笋、红椒块和适量水，在旺火上加盖焖烧至笋熟。

（3）放入雪菜拌匀，淋入淀粉，加精盐、味精、香油调味即成。

【青椒拌海蜇】

材料：海蜇皮300克，青椒若干个，红椒丝、鸡精、酱、醋、香油等适量。

做法：（1）海蜇皮放清水中浸泡数小时，捞出洗净切丝；青椒去籽去蒂并洗净切丝。

（2）锅里加水烧沸，放入海蜇丝焯一下，立刻捞出过凉水，沥干。

（3）将海蜇丝和青椒丝放入小盆中，加入调味料拌匀，再加红椒丝点缀即可。

小提示

【青椒拌海蜇】
● 化痰、消积、通便。

【腊肉粉丝汤】
● 健脾开胃。

【腊肉粉丝汤】

材料：腊肉100克，粉丝适量，姜、香菜、高汤、盐、味精等适量。

做法：（1）姜切片；腊肉切片，入水浸软；粉丝入水泡发；香菜切段。

（2）将姜片、腊肉和高汤倒入锅中，煮至沸腾转小火，炖煮1小时，再放入粉丝同煮至熟。

（3）将香菜撒入锅中，放盐和味精调味，即可关火盛出。

【葫芦瓜煲瘦肉汤】

材料：葫芦瓜300克，猪瘦肉300克，干贝25克，姜片适量。

做法：（1）把干贝洗净，用清水浸1小时；葫芦瓜洗净，连皮切片。

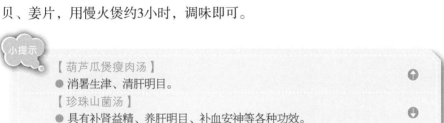

（2）将猪瘦肉放入滚水中煮约5分钟，捞出洗净。

（3）水适量，放入煲中煮沸，再放入煮过的猪瘦肉、葫芦瓜、干贝、姜片，用慢火煲约3小时，调味即可。

> **小提示**
>
> 【葫芦瓜煲瘦肉汤】
> ● 消暑生津、清肝明目。
> 【珍珠山菌汤】
> ● 具有补肾益精、养肝明目、补血安神等各种功效。

【珍珠山菌汤】

材料：鱼肉100克，鸡蛋1个，雪梨半个，蘑菇、枸杞、红枣、盐、味精、淀粉、花椒粉等适量。

做法：（1）雪梨去皮去核，切成块；鸡蛋取鸡蛋清，打散；将鱼肉洗净，剔除鱼刺，剁碎，倒入鸡蛋清、盐、味精、淀粉搅拌成稠糊状。

（2）烧开半锅水，将制好的鱼肉馅用手挤成珍珠一样大的丸子，放入锅中，煮至全部漂起，捞出过凉水。

（3）另烧一锅水，放入蘑菇、枸杞、红枣、雪梨，沸腾后勾薄芡，再次煮沸后倒入珍珠丸子，稍煮后加盐、花椒粉等调味即可。

【银条炒肉丝】

材料：猪瘦肉300克，银条菜200克，黄瓜2根，鸡蛋1个，盐、鸡精、料酒、酱油、淀粉等适量。

做法：（1）银条菜择洗干净，黄瓜洗净切丝，淀粉勾兑成汁，鸡蛋打散。

（2）猪瘦肉洗净切丝，用蛋液、盐、鸡精、料酒拌匀并腌至入味，裹上芡汁。

（3）油锅置火上烧热，放入肉丝炒熟，扒在一边，放入银条菜、盐、酱油翻炒数下，然后与肉丝一起炒匀即可。

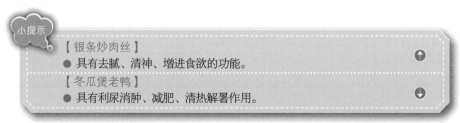

小提示

【银条炒肉丝】
● 具有去腻、清神、增进食欲的功能。

【冬瓜煲老鸭】
● 具有利尿消肿、减肥、清热解暑作用。

【冬瓜煲老鸭】

材料：烤鸭600克，冬瓜200克，五花肉150克，葱、姜、料酒、清汤、精盐、味精、胡椒粉等适量。

做法：（1）将烤鸭剁大块，五花肉洗净切块。

（2）将冬瓜挖成球，菜心洗净焯过。

（3）取砂锅，放入烤鸭、五花肉、瓜球、葱、姜、料酒及清汤，慢火炖1小时，加入精盐、味精、胡椒粉，调好味即成。

第五节　滋阴生津，睡眠很重要

睡好觉，调养阴虚体质

阴虚体质的人睡眠时间相对较少，所以睡眠对他们来说尤为重要。睡好觉是阴虚体质者的养生妙招。俗话说"三寒两倒七分饱"，这里说的"两倒"指的就是要保证夜晚和中午的睡眠。

▶▶ 睡好觉是补阳滋阴的基本方法

阴虚体质的人总是会有这种体会，那就是在寒冷的冬季，自己的手心、脚心总是发热，即使把双手或双脚放到被子外面，也依然如此。很多人因为手脚心发热而无法入睡，即使入睡后也会因为手脚心发热而再次醒来，这让很多这类体质的人对睡觉平添了几许恐惧。

睡眠质量无法得到保证，人们的健康也就无法得到保证。这是因为一旦睡眠质量降低，人们就会出现萎靡不振、浑身无力的症状，而这会对人们的生活造成一定的消极影响。所以，人们应当保证夜晚的睡眠质量，好质量的睡眠对补阳滋阴有着潜移默化的作用。

阴虚体质的男性还会出现夜间盗汗、遗精的情况，这也会影响男性夜晚的睡眠质量。如果男性夜间盗汗，就证明其机体在夜间还处于一种亢奋的状态，而这种状态势必会消耗掉更多的气血，一旦气血的消耗达到一定的程度，就会影响睡眠质量。至于遗精，可能会使男性夜晚的睡眠中断，一旦睡眠进程中断，就会很难再次入睡，这也给夜间的睡眠质量带来了恶劣的影响。

阴虚体质的人如果保证了夜间睡眠质量，就会使机体在夜间处于正常的状态，机体的各部位也会处于适当的状态，比如人体的四肢处于休息状态，这是不会过多消耗人体的气血的；人体的肠胃在夜间睡眠的时候，虽然也在"工作"，但是，其消化食物的功能和进程并不会有额外的压力，也就不会过多消耗气血；夜晚睡眠的时候，人的大脑也处于休息状态，休息状态的大脑是不会消耗太多气血的。

▶▶ 四种方法提高睡眠质量

既然夜晚睡眠好是补阳滋阴的基本方法，那么保证好的夜晚睡眠质量就显得尤为重要了。但是，怎样做才可以保证夜晚的好睡眠呢？

第一，就是要避免熬夜。熬夜是造成阴虚的主要原因，熬夜会消耗过多的气血，导致人体出现阴虚。

第二，就是在晚上睡觉前一个小时不要大量饮水。晚上睡觉前一个小时内如果摄入过多水分，就会给肠胃造成一定的负担，使身体在入睡后还处于工作状态，就会消耗大量的气血。另外，夜晚睡觉前过量饮水还会造成醒后眼部出现水肿，这也容易造成阴虚。

第三，阴虚的人在晚上睡觉前两个小时内最好不要再进食，因为肠胃在两个小时内是不能把食物消化完毕的，在人体进入睡眠状态的时候，肠胃还是处于工作状态，这也会消耗一定的气血，加重阴虚的状况。如果人们在睡觉之前的两个小时内并不进食，那么，肠胃就会得到有效的休息，也就不会在夜里消耗过多气血了。

第四，要想保证好的夜晚睡眠质量，就应该正确地安排作息。比如早上该起床的时候要起床，绝不赖床。在起床之后，可以做一些简单的运动，比如打太极拳、练养生操等。

很多时候，有的人也很重视从饮食入手调理阴虚，但是，在调整了一段时间之后，发现效果仍不是很明显。原来，他们的睡眠质量无法保证，因而饮食调理就不会有明显效果。所以，高质量的夜晚睡眠，才是阴虚体质者最佳的福音。

药物保健，选对补阴佳品是关键

▶▶ 银耳、阿胶"眷顾"阴虚之人

对阴虚体质的人来说，银耳是首选的补阴药材。银耳有很多功效：滋阴、润肺、养胃、生津，能治虚劳咳嗽、痰中带血、虚热口渴。取银耳10克、石斛20克，先将银耳泡发、洗净，与石斛加水炖服，每日1次。在这款汤药中，银耳和石斛都有滋阴补液的作用。

阿胶是补阴上品。在进补的药材中，阿胶药食同源，既可作药用，也可做成美食，在《本草纲目》中有这样的记载："阿胶大要只是补血与液，故能清肺益阴而治诸症。"显而易见，阿胶主要的功效就是滋阴，所以适合阴虚体质者食用。

阿胶也是一味非常好的滋补阴血的药物，它可以养血、活血，除了女性，其实男性也容易出现血虚，所以适时滋阴补血也是必要的。阿胶是阴虚体质者滋补的上品，可长期服用，即便用量稍大也很少出现毒副反应。

阿胶补气血，对阴虚体质者出现的瘦弱、贫血等症特别适合。阿胶海参粥，有很好的补阴养阴的作用。材料：阿胶10克，红糖20克，海参50克，大米100克，葱末、姜末、盐、味精、料酒各适量。做法：先将阿胶洗净隔水炖，待其完全溶化后，关火盖好盖，保温备用；海参泡发，洗净，切成丁备用；将大米淘洗干净，放入砂锅内，加上适量的水大火煮开，再转小火熬至熟烂，放入阿胶拌匀，再加入海

参丁和红糖，小火继续熬煮10分钟，加入其他调料调味即可食用。此粥是养阴益肾、填精补血的佳品，非常适合阴虚者食用。

▶▶ 人参进补要慎重

无论是先天原因还是后天原因，阴虚体质的人往往因为体内津液和精血的亏损而出现一系列的生理病变。

津液亏损，对健康极为不利，会引起肠燥便秘、咽干、口燥；如果阴津不能濡润皮肤腠理，那么皮肤就会变得干而粗糙，出现面容憔悴的老态；如果阴津不能渗入骨腔、化精生髓，髓海不足，则腰酸无力、耳鸣目眩、鼻干目涩。而补虚也是大有学问的，若是补得不当不仅对身体无益，还会影响身体健康。

产妇在喜得贵子之后失血过多，有人便提议吃点红参，但若是阴虚体质的产妇服用红参，不仅不能达到理想的补血效果，反而可能出现反作用。这是产妇的阴虚体质在作怪。红参本来是滋阴补血的，但红参是温热之品，温热会损阴，所以容易造成身体病变，比如牙龈、鼻出血等。

很多看起来补气的药材，比如人参、红参等，不适合阴虚体质的人服用，若是盲目使用便会令虚火过旺，使身体功能处于一种过度兴奋及活跃

的状态，反而会出现阴阳失调加剧，加重虚火。所以，阴虚体质者若要进补，一定要遵守滋阴潜阳的原则，选好适合自己身体的药材，不可擅自进补，以免对身体不利。

《本草纲目拾遗》载："海参性温补，足敌人参。"阴虚体质的人可以选择海参来补虚。对于阴虚体质者而言，海参当归汤是不错的选择，能够达到很好的补益效果。用料为：干刺海参100克，当归30克，黄花100克，荷兰豆100克，百合20克，姜丝10克。这是一道非常简单的滋补汤品，同时，除了海参有很好的补阴作用之外，当归、百合也是补阴药材中的佳品，经常喝，可以改善腰酸乏力、困乏倦怠等状况，具有不错的补肾益精的功效。

尽管人参一般来说并不适合阴虚体质的人使用，但是应当具体情况具体分析。对一些比较特殊的例子，比如术后体虚的人还是可以适量服食的，不过一定不要选用药性偏温热、具有补气温阳作用的红参，可选用吉林野山参或白人参，这两种参性味平和，阳虚、阴虚者和元气不足或虚弱的人均可服用。同时要注意的是，在使用过程中不可操之过急，一定要循序渐进，用量在2~4克为宜，避免过量服食。

▶▶ 合理搭配补阴虚

阴虚体质者多真阴不足、虚火内生，调理要点是将滋阴与清热并重，即无论是药膳还是汤剂都应将清热与滋阴药物搭配使用。

肺阴虚由于津液消耗，使肺失濡养，宣降失职，致虚热内生，故药物应以清热润肺为宜，如贝母、罗汉果、百合、太子参等。中成药可选麦味地黄丸。中药汤剂可选百合固金汤。药膳可选清润田鸡煲。

肝阴虚多因肝血不足或久伤阴液，造成肝阳上亢或虚风内动，因此，选择中药应以滋肝阴兼清肝火的白芍、枸杞、地黄、旱莲草、五味子、何首乌、女真子等为宜。中成药可选六味地黄丸、石斛夜光丸、杞菊地黄丸、茵胆平肝胶囊。中药汤剂可选一贯煎。药膳可选枸杞叶猪肝汤。

肾阴虚主要是由于肾精亏损造成的，所以在调养时应注重补精生髓，中药宜选芡实、桑葚、枸杞、煅牡蛎、龙骨、沙苑子、冬虫夏草等。中成药可选六味地黄丸、石斛夜光丸、大补阴丸、左归丸、知柏地黄丸。中药汤剂可选四物汤。药膳可选银耳虫草炖瘦肉。

第六节 五个穴位补阴虚

按摩特效穴，滋阴降火

➤ 太冲穴

太冲穴是肝经上用得最多的一个穴位，可以算得上这条经络上的"明星穴"，尤其对于因为压力太大而时常感到心烦意乱、想发火的人来说，更是一剂实用的清肝泻火"药"。

太冲穴位于足背侧，当第1、2跖骨接合部之前凹陷处。太，大也。冲，冲射之状也。该穴名意指肝经的水湿风气在此向上冲行，所以称为太冲。

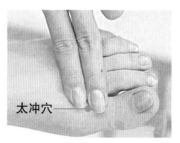

太冲穴

➤ 迎香穴

迎香穴位于面部，在鼻翼外缘中点旁，当鼻唇沟中。按摩迎香穴，可治疗鼻炎、鼻塞、鼻出血、鼻窦炎、流鼻水、口歪、面痒、牙痛、感冒、胆道蛔虫症等。

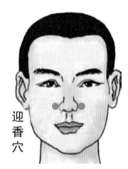

迎香穴

▶▶ 肺俞穴

肺俞穴位于人体的背部，当第3胸椎棘突下，左右旁开1.5寸，主治咳嗽、气喘、吐血、骨蒸、潮热、盗汗、鼻塞等。

▶▶ 中府穴

中府穴是脾肺之气汇聚之处。两手叉腰立正，锁骨外侧端下缘的三角窝中心是云门穴，由此窝正中垂直往下推一条肋骨处即是中府穴。此穴位不仅能调补中气，还能治疗气不足、腹胀、消化不良、水肿、咳嗽、气喘、胸满胁痛等证。

▶▶ 太渊穴

太渊穴是肺经的原穴，穴性属土，土能生金，可补中气。其具体位置是仰掌后，在腕横纹上，桡动脉桡侧凹陷处。此穴位除了调补中气外，还能止咳化痰，通调血脉，治疗肺炎、扁桃体炎、心动过速等。

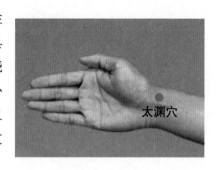

第五章 气郁体质

第一节　你是气郁体质吗

● 小测试：**看看你是气郁体质吗？**

1. 别人无意间说的一句话，你会以为是在说自己吗？　　　　　　○是　○否

2. 别人说了对你不利的话，当时你会很激动，甚至冲动

　　地也对他说什么狠话吗？　　　　　　　　　　　　　　　　○是　○否

3. 你经常觉得胸闷或者腹胀吗？　　　　　　　　　　　　　　　○是　○否

4. 你总是觉得嗓子里有异物，不得不经常咳一咳吗？　　　　　　○是　○否

5. 仔细照一下镜子，你的脸色与别人相比发青吗？　　　　　　　○是　○否

6. 你是不是整晚整晚地做梦，并且多数时候梦境是不好的呢？　　○是　○否

7. 你对药物或者花粉比较容易过敏？　　　　　　　　　　　　　○是　○否

8. 你是否常感到胃部不适？　　　　　　　　　　　　　　　　　○是　○否

9. 在别人眼里，你是一个内向的人吗？　　　　　　　　　　　　○是　○否

10. 你经常深呼吸，否则就会觉得憋闷、不舒服吗？　　　　　　　○是　○否

11. 你是不是很爱哭？　　　　　　　　　　　　　　　　　　　　○是　○否

12. 如果你是女性，月经期间，你会觉得乳房胀痛吗？　　　　　　○是　○否

13. 平常稍微劳累或者受凉，你会不会有腰腹胀痛的感觉？　　　　○是　○否

14. 你喜欢参加社交活动吗？　　　　　　　　　　　　　　　　　○是　○否

15. 你喜欢人多热闹的场合吗？　　　　　　　　　　　　　　　　○是　○否

16. 你是否有偏头痛的经历？　　　　　　　　　　　　　　　　　○是　○否

17. 如果你是女性，你的月经是不是经常不准时？　　　　　　　　○是　○否

18. 有没有朋友评价你是一个性格急躁或者暴躁的人？　　　　○是　○否

19. 你有爱吐唾沫的习惯吗？　　　　○是　○否

20. 平常没事的时候，你是不是喜欢一个人待着胡思乱想？　　　　○是　○否

21. 你有没有偶尔胸痛或者肋间胀痛的感觉？　　　　○是　○否

22. 你是一个情绪不稳定的人吗？　　　　○是　○否

23. 没有任何原因，但你就是不想见任何人，是这样吗？　　　　○是　○否

24. 即使没吃东西，你仍然会无缘无故地打饱嗝吗？　　　　○是　○否

25. 你是不是经常感到胃不舒服，想吐酸水？　　　　○是　○否

26. 你经常吃草莓吗？　　　　○是　○否

27. 有时候，你会不会有自杀的念头？　　　　○是　○否

28. 有没有人这样评价你：钻牛角尖、固执己见、自以为是，

　　或者类似的评价？　　　　○是　○否

29. 你是跟林黛玉一样的性格吗？　　　　○是　○否

30. 你宁愿小心翼翼、患得患失，也不愿意没心没肺被人看成傻瓜吗？　　○是　○否

　　以上30个问题都是针对气郁体质者设定的，选择的"是"越多，说明气郁越明显，需要进行调理。气郁会间接导致人际交往出现问题，还可能会导致抑郁症等精神、心理问题。

第二节　疏肝行气常用中药

对于气郁体质的人来说，要想改善体质就必须使用一些可以理气的药物。因为顺则平，只有人体之气通畅顺达，人体才能健康强壮。如果气滞，人就会生病。寒、热、痰、情志不遂等皆可导致脏腑功能失调，即气机阻滞，运行失常，从而产生各类疾病。

虽说理气很重要，但人们在选择理气药物的时候一定要明白一点，那就是治疗气郁的理气药物通常偏辛温香燥，容易伤津耗气，所以在应用时一定要适可而止，不能过量使用，特别是妊娠者或阴液亏损者需慎用理气药物。

香附

香附是莎草科植物莎草的根茎，含有挥发油、含生物碱、强心苷和黄酮类成分。试验证明，香附具有明显的解热、镇痛和抗炎作用，对某些致病菌和致病真菌有很好的抑制作用。

中医认为，香附味辛、微苦、微甘，性平，有理气解郁、止痛调经的功效，非常适合用来治疗肝胃不和、气郁不舒、胸腹胀痛、痰饮痞满、月经不调等症，但气虚血燥者慎用。

佛手

佛手是芸香科植物佛手的果实，其中含有柠檬油素、香叶木甙、橙皮苷等成分。

中医认为，佛手味辛、苦，性温，主要功效是理气和中、舒肝解郁，因此，对于治疗由肝气郁结而致的胃脘痛、胸闷胁胀、食欲下降、呕吐等症有较好的效果。

苏梗

苏梗是唇形科植物皱紫苏或尖紫苏的茎枝。苏梗含有挥发油，而油中主含紫苏醛、左旋柠檬烯等物质。

中医认为，苏梗味辛，性温，有理气舒郁、和胃安胎的功能，适用于治疗胸脘痞闷、气滞腹胀、胎动不安、嗳气呕吐等症。

青皮

青皮是芸香科植物橘及其变种未成熟的果皮或幼果，亦含挥发油。其主要成分是柠檬烯，另含橙皮苷、红橘素等成分。挥发油对胃肠有温和的刺激作用，可促进消化液分泌，排除肠内积气，并有轻度祛痰功能。青皮煎剂可抑制胃肠平滑肌，有解痉作用。

中医认为，青皮味苦、辛，性温，有破气消滞、舒郁降逆的功能，亦可治疗疝气疼痛。对于由肝气郁结导致的胸膈胀闷、气逆不食、胁肋痛胀、气滞胃痛等症，可用青皮破气结，舒肝郁。

木香

木香是公丁香、川木香和越西木香的干燥根。木香中含挥发油，油中含木香烯、木香烃内酯、木香内酯、木香醇和木香酸等成分。药理试验发现，木香有扩张支气管的作用，有直接松弛肠道的作用，对多种致病菌及真菌有良好的抑制作用。

中医认为，木香味辛、苦，性温，可行肠胃滞气、疏肝解郁、和胃健脾，是中医常用的行气药。但肺虚有热、虚火上冲、血分燥热者忌用此药。

第三节　疏肝行气饮食调节

不宜食物

不适合气郁体质者食用的食物有糯米、栗子、鸡蛋、红枣、花生、龙眼肉、蜂蜜、扁豆、豇豆、黄豆、蚕豆、豆腐、山药、肥肉、奶油、鳗鱼、蟹黄、蛋黄、鱼子、巧克力、甘薯、芋头、面食、莲子、芡实、石榴、乌梅等。

适宜食物

燕麦味甘，性平。将燕麦和菊花同煮成粥，能清热去火，增强食欲，改善夏季五心烦热、头痛眩晕、烦躁不安等症。每天早上喝一碗燕麦粥可补血养神，保持精力旺盛。其中的色氨酸还能改善人的情绪。

菜花味甘，性凉。有较好的平补作用，可健脾胃、强筋骨、补肾填精，可调理体质虚弱、久病体虚引起的脾胃虚弱、耳鸣健忘、四肢无力等。含有大量叶酸和维生素E，能改善失眠、健忘、焦虑等不良情绪。

　　黄花菜味甘，性凉。有凉血止血、清热利湿、解郁安神、健脾消食等作用，是体虚者平补必不可少的蔬菜。含丰富的卵磷脂，能改善大脑功能，集中注意力，提高大脑兴奋性，还有降低胆固醇、改善皮肤韧性和弹力的作用。

　　圆白菜味甘，性平。能清热除烦，通利肠胃。有杀菌消炎作用，可用来治疗咽喉疼痛、外伤肿痛、蚊叮虫咬、胃痛牙痛等。能促进溃疡愈合，对胃溃疡有很好的疗效，也是糖尿病和肥胖患者的理想食物。

　　洋葱味甘、微辛，性微温。能健胃进食，理气宽中。增强胃肠道张力，刺激胃液分泌；降低胆固醇，舒张血管，有降血压的作用；有杀菌消炎作用，还能利尿。适合患动脉硬化、糖尿病、急慢性肠炎以及消化不良的人食用。

　　芹菜具有清热解毒、消除烦躁、平肝降压的作用，对于血管硬化和神经衰弱患者有治疗作用，还有增强食欲、降血糖的功效。芹菜籽中有安神的作用。还能有效地预防结肠癌。

茴香有温阳散寒、理气止痛的功效，还能调节胃肠蠕动，有助于消除腹胀，还能缓解痉挛，减轻肠胃疼痛。其中的茴香醚是有效的抗菌成分；茴香烯能促进骨髓细胞成熟，提高血液中白细胞数量，可用于治疗白细胞减少症。

陈皮即干燥的成熟橘子皮。味辛、苦，性温。有理气健脾的功效，对胃肠道有温和的刺激作用，有助于排出体内积气，增进人的食欲，可用来调中理气、燥湿化痰、降逆止呕，治疗脾胃气滞、消化不良、腹胀腹痛等。

茉莉花有消炎解毒、行气解郁、和中的功效。是春季饮茶之上品。常饮茉莉花茶，能清肝明目、生津止渴、通便利水、益气力、降血脂、抗癌、抗衰老，使人延年益寿、身心健康。

萝卜味辛、甘，性凉。营养丰富，食用多样，可以凉拌、炒菜、煲汤等。能促进胃肠蠕动，具有消除积滞、化痰清热、下气宽中的功效。常吃萝卜能降低血脂、软化血管、稳定血压，预防冠心病、胆石症等。

芒果味甘、酸，性凉。有益胃止呕、解渴利尿的功效。可治疗口渴咽干、食欲下降、消化不良、晕眩呕吐、嗓音嘶哑、多痰咳嗽等病症。生吃能治疗小便不利；水煎代茶饮用能治疗慢性咽喉炎。

第四节　疏肝行气养生食谱

气郁体质的养生食谱

【陈皮话梅鸡】

材料：鸡腿90克，酸梅5克，话梅5克，甘草1克，陈皮丝2克，棉布袋1个，八角、葱花、红椒末、冰糖、米酒等适量。

做法：（1）鸡腿腌渍，入油锅炸至金黄色；八角、陈皮丝、甘草放入棉布袋。

（2）准备一个蒸碗，放入鸡腿、酸梅、话梅、冰糖、米酒、棉布袋，加水至九分满，盖上保鲜膜放入蒸笼蒸45分钟，撒葱花、红椒末即可食用。

【糖醋肉丸子】

材料：猪肉馅200克，菠萝1个，菠菜50克，洋葱30克，陈皮10克，盐、胡椒粉等适量。

做法：（1）陈皮洗净、泡软后沥干，备用。

（2）将菠萝、洋葱等分别切块，菠菜洗净，稍氽烫备用。

（3）猪肉馅与菠萝、洋葱、盐、胡椒粉等混合调匀；将混合后的馅捏成丸子状炸熟，再将各种调味料煮熟，拌入陈皮，铺在菠菜上即可。

【陈皮丝里脊肉】

材料： 猪里脊肉60克，陈皮5克，葱5克，辣椒2克，米酒、冰糖、淀粉等适量。

做法：（1）猪肉切丝，葱、辣椒切丝，淀粉加水调匀；陈皮用温水泡10分钟，切丝。

（2）猪肉丝加入米酒，用淀粉、油搅匀；起油锅，转中火，放入猪肉丝拌炒至略熟，加入冰糖、陈皮丝炒匀，勾薄芡。

（3）起锅前撒入葱丝、辣椒丝即成。

小提示

【陈皮丝里脊肉】
● 具有健脾和胃、行气宽中、降逆化痰的功效。

【泡椒萝卜】
● 促进食物消化，解除胸闷，帮助胃蠕动，促进新陈代谢。

【泡椒萝卜】

材料： 白萝卜500克，胡萝卜、泡椒、泡椒水、盐、醋、香油、白糖等适量。

做法：（1）白萝卜去皮洗净，切成小厚块；胡萝卜去皮洗净切块。

（2）将萝卜块放入小盆中，加入少许盐腌至入味，控出水分。

（3）将泡椒和泡椒水倒入小盆，加入醋、白糖拌匀，放入冰箱里冷藏数小时，食用时淋上香油即可。

【三丝冰凉瓜】

材料：佛手瓜300克，洋葱半个，红辣椒1个，醋、料酒、冰块等适量。

做法：（1）佛手瓜去皮洗净切丝，洋葱去干皮洗净切丝，红辣椒去籽去蒂并洗净切丝。

（2）水锅置火上烧沸，放入佛手瓜丝、红辣椒丝焯一下，捞出过凉水，沥干。

（3）将佛手瓜丝、洋葱丝、辣椒丝放入小盆中，加入醋、料酒拌匀，将冰块放入盘中，倒入调拌好的三丝即可。

小提示

【三丝冰凉瓜】
● 增强人体抵抗力，降血压。
【西蓝花萝卜丝】
● 行气，补虚，增强抵抗力。

【西蓝花萝卜丝】

材料：西蓝花200克，白萝卜200克，尖椒、酱油、鸡精、醋、盐等适量。

做法：（1）西蓝花洗净，掰成小朵，放入开水中焯熟，捞出加鸡精、醋、盐腌至入味。

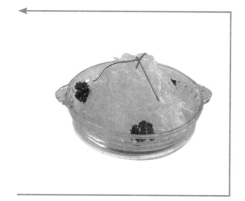

（2）白萝卜去皮洗净切丝，尖椒洗净切碎。

（3）油锅置火上烧热，放入尖椒碎爆香，加入白萝卜丝翻炒数下，加入酱油、盐继续翻炒至熟，盛在西蓝花上即可。

【干红醉雪梨】

材料：雪梨4个，干红葡萄酒350克，冰块适量。

做法：（1）雪梨洗净，去皮，切片。

（2）将雪梨片放入碗中，加入干红葡萄酒、冰块浸泡半小时。

（3）还可放入冰箱冷藏数小时后食用，口感更好。

小提示

【干红醉雪梨】
● 具有生津润燥、清热化痰之功效。

【葱烧茶树菇】
● 具有辅助解毒、抑菌、降糖、延缓衰老和增强免疫力等功效。

【葱烧茶树菇】

材料：干茶树菇200克，木耳、葱、料酒、酱油、盐、鸡精等适量。

做法：（1）干茶树菇放温水中泡5分钟，洗净；葱洗净切段。

（2）木耳放温水中泡发，洗净，捞出沥水后撕成小片。

（3）油锅置火上烧热，放入茶树菇、木耳翻炒数下，加入料酒、酱油翻炒至熟，再放盐、鸡精、葱段翻炒数下即可出锅。

【芹菜拌笋丝】

材料：芹菜梗200克，笋1棵，蒜4瓣，青椒2个，醋、香油、盐、味精等适量。

做法：（1）芹菜斜切成丝，笋切成片，蒜切成末，青椒剁碎。

（2）将芹菜放入沸水焯熟，捞出沥水，晾凉摆入盘中，再将笋片均匀地摆在上面。

（3）取一只小碗，将适量的蒜末、青椒碎、醋、盐、香油、味精倒入其中，搅拌均匀，调成味汁，均匀地淋入盘中即可。

小提示

【芹菜拌笋丝】
● 平肝降压、镇静安神。
【银耳西蓝花】
● 滋阴润肺、益肾强精、养胃润肠。

【银耳西蓝花】

材料：西蓝花200克，银耳半碗，葱1棵，盐、醋、酱油、香油、五香粉、白糖等适量。

做法：（1）西蓝花切小块，银耳入水泡发，葱切葱花。

（2）将适量的油倒入锅中，烧热后放西蓝花和盐、酱油、五香粉，炒熟后摆入盘中。

（3）将银耳放入锅中，放入盐、白糖、香油、醋，翻炒至熟，倒入盘中，摆盘即可。

【腐皮裹三丝】

材料：芹菜2棵，胡萝卜1根，白萝卜半根，豆腐皮4张，盐、味精、酱油、醋、香油等适量。

做法：（1）芹菜去叶切丝，胡萝卜、白萝卜均切丝，豆腐皮焯熟捞出。

（2）取一只碗，将盐、味精、酱油、醋、香油放入其中，搅拌均匀，制成味汁。

（3）将芹菜丝、胡萝卜丝、白萝卜丝放入碗中，淋上味汁，拌匀，再摆入豆腐皮中，裹好，切成小段，摆入盘中即可。

 小提示

【腐皮裹三丝】
● 补肾益肺。适用于早泄、遗尿、小便频繁、白带过多、肺虚咳喘等。
【鲫鱼汤】
● 有益气健脾、清热解毒、通脉下乳、利水消肿等功效。

【鲫鱼汤】

材料：鲫鱼2条，人参1根，枸杞、香菜、红枣、陈皮、盐、香油等适量。

做法：（1）香菜切段，陈皮洗净切丝，鲫鱼剖洗干净。

（2）将鲫鱼、人参和适量的水倒入锅中，大火煮开后转小火，放入枸杞、红枣、陈皮，小火炖煮3小时。

（3）关火，放盐和香油调味，撒上香菜，即可关火盛出。

【枸杞菊花粥】

材料：白米100克，菊花5克，枸杞20克，白糖适量。

做法：（1）白米、枸杞分别洗净、泡发，装碗备用。

（2）将砂锅洗净，加适量清水，把备好的白米、枸杞放入砂锅内，再上火煮粥，煮粥时先用大火煮开，再转入小火慢熬。

（3）待白米开花、枸杞煮烂，即粥煮稠时熄火，再放入洗净的菊花，加盖焖5分钟后，放入适量白糖，搅拌均匀即成。

小提示

【枸杞菊花粥】
● 具有散风清热、平肝明目之功效。

【猴头菇螺头汤】
● 养胃，壮阳壮腰，补肾，养阴补虚。

【猴头菇螺头汤】

材料：螺头3个，猴头菇5克，桂圆干20克，猪瘦肉100克，排骨100克，淮山药10克，百合20克。

做法：（1）先将猴头菇用水浸泡20分钟，挤干水分；猪瘦肉切片；排骨剁段；螺头浸泡至软，桂圆干、淮山药、百合浸泡沥干。

（3）将备好的材料与猪瘦肉、排骨一起放入煲内煮沸，转文火煲2小时，加调味料调味即可。

【金针木耳肉片】

材料：猪肉片200克，青江菜1根，干黄花菜（金针花）100克，黑木耳、盐适量。

做法：（1）干黄花菜泡软，黑木耳洗净，泡发至软，切粗丝；青江菜洗净切段。

（2）煮锅中加一碗水煮沸后，放入黄花菜、黑木耳丝、猪肉片，待猪肉片将熟，再加入青江菜，加盐调味，待水再沸腾一次即成。

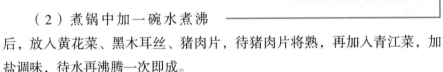

小提示

【金针木耳肉片】
● 促进智力发育，促进新陈代谢，降血脂，抗疲劳。

【干贝西蓝花】
● 补肾填精，健脑壮骨，补脾和胃。

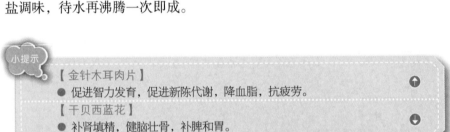

【干贝西蓝花】

材料：西蓝花300克，干贝300克，白果100克，葱、姜、蒜等适量。

做法：（1）将西蓝花、干贝及白果以水洗净（不需泡水）。

（2）先将西蓝花入水氽烫，再把葱、姜、蒜下油锅中爆香，加入干贝、白果一起炒，待熟后，以西蓝花为盘边缀饰，调味即可。

【炝拌土豆丝】

材料：土豆2个，青椒、红椒各1个，蒜末、香菜、八角、盐、味精、白糖、醋等适量。

做法：（1）将土豆洗净切丝，过冷水；青椒、红椒洗净切丝。

（2）土豆丝、青椒丝、红椒丝在沸水中焯熟，捞出控干。

（3）用热油将八角爆出香味，淋在土豆丝上，加适量盐、味精、白糖、醋搅拌均匀，撒上蒜末、点缀香菜即可。

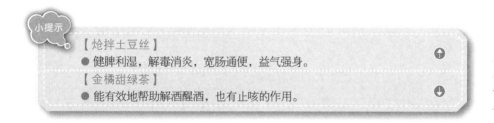

小提示

【炝拌土豆丝】
● 健脾利湿，解毒消炎，宽肠通便，益气强身。

【金橘甜绿茶】
● 能有效地帮助解酒醒酒，也有止咳的作用。

【金橘甜绿茶】

材料：金橘50克，枸杞10克，绿茶1小包，冰糖1小匙。

做法：（1）枸杞洗净，用水泡软；金橘洗净，一起放入榨汁机中，加入冷开水500毫升，搅拌成泥。

（2）再倒入锅中，用小火煮沸，放入冰糖，煮至溶化后熄火。

（3）在杯中放入绿茶茶包，冲入做法（2）的汤汁，3分钟后，取出茶包，搅拌均匀，即可饮用。

【十香小萝卜】

材料： 小萝卜200克，罗勒叶100克，盐、味精、香油、蒜汁等适量。

做法： （1）将小萝卜洗净切薄片，罗勒叶去枯叶洗净。

（2）将萝卜片和罗勒叶放入沸水中焯2分钟，捞出控干水分，放在盘子里。

（3）把盐、味精、香油放入碗内调成味汁，浇在上面搅拌均匀，最后将蒜汁撒在上面即可。

小提示

【十香小萝卜】
● 增强机体免疫功能，促进营养物质的吸收。

【辣白菜】
● 净化胃肠，促进胃肠内的蛋白质分解和吸收。

【辣白菜】

材料： 白菜200克，红辣椒50克，香菜少许，盐、麻油、辣椒粉、糖、醋等适量。

做法： （1）将白菜叶撕成长条，洗净，控干水分。

（2）红辣椒洗净切小段，放入沸水中焯一下，捞出沥干。

（3）取适量盐放入碗内，用开水将盐化开，加入适量冷水，将白菜叶放入浸泡12～24小时。

（4）白菜取出挤干水分，将红辣椒、麻油和辣椒粉烧滚，淋在上面，然后加入适量糖、醋，撒上香菜即可。

第五节　调理气郁药方

▶▶ **逍遥散：调肝理脾，开郁散结**

逍遥散对气郁体质者来说是一疗效显著的药方，它出自宋代《太平惠民和剂局方》，是由《伤寒论》之四逆散演化而来，专为治疗妇女因血虚肝郁而致诸病所设。逍遥散能够疏肝解郁，肝郁得解，从而使脾虚得健，血虚得养，气郁得畅。

气机郁结的本源来自肝，而百病皆可生于郁。逍遥散便是为肝郁所调配的方剂，其处方是：柴胡30克，甘草（炙）15克，当归（微炒）、茯苓、白芍、白术各30克，制成散后，再煨姜一块、薄荷少许，一起煎服，每日3次，每次6克。

131

▶▶ **多食枸杞，合理药膳调节**

对气郁体质的人来说，多食用枸杞对身体十分有好处，枸杞是一味常用的补肝益肾中药，其色鲜红，其味香甜。枸杞有滋补肝肾、益精明目的功效，常用于虚劳精亏、腰膝酸痛、眩晕耳鸣、内热消渴、血虚萎黄、目昏不明等症状。对气郁体质的人来说，日常生活中可以用枸杞泡茶或者作为药膳的辅料，能够补充肝血，缓解气郁。

有的气郁体质者并不喜欢喝中药，可以通过药膳来进行调理。菊花鸡肝汤便是一味非常好的药膳，材料是：银耳15克，洗净泡透，撕成小片；菊花10克、茉莉花24朵，温水洗净；鸡肝100克。同煮至鸡肝熟透，每日佐餐食用，可疏肝清热，健脾宁心。

气郁体质者其身体状况各有不同，不可一概而论。有的气郁体质者的气郁情况并不严重，所以根本不用吃药，逍遥散或者逍遥丸都没有必要吃，可以喝点药茶，而当归山楂茶便适合气郁情况不太严重的人饮用。其配方是：山楂15克，当归10克，陈皮10克，红枣10个（最好是小红枣），放入砂锅加清水适量，浸泡半个小时，煮沸后小火煎15分钟，置阴凉处放凉，每天早晚各1杯，可加适量冰糖或蜂蜜调味。

第六章 血瘀体质

第一节　你是血瘀体质吗

● 小测试：看看你是血瘀体质吗？

1. 你身上某个地方有淤青，你竟然不知道是怎么弄的吗？　　○是　○否

2. 如果你是女性，你有宫外孕的经历吗？　　○是　○否

3. 仔细检查自己的身体，你身上有黑斑吗？　　○是　○否

4. 与别人相比，你的脸上更容易长色斑吗？　　○是　○否

5. 你的眼眶比别人要黑吗？　　○是　○否

6. 伸出舌头检查一下，有没有青紫或者紫色的小点点？　　○是　○否

7. 你的眼白泛青紫色吗？　　○是　○否

8. 即使没有熬夜，你的眼白中也有血丝吗？　　○是　○否

9. 与别人相比，你的皮肤是不是晦暗没有光泽？　　○是　○否

10. 你的皮肤干燥并且容易有皮屑或者鳞甲状东西吗？　　○是　○否

11. 仔细检查你的眼睑，它们是不是紫黑色的？　　○是　○否

12. 照一下镜子，你的嘴唇颜色发青或者发紫吗？　　○是　○否

13. 你会不会经常脱发？　　○是　○否

14. 如果你是女性，你已经生过孩子，依然有痛经的经历吗？　　○是　○否

15. 如果你是女性，月经期间，你的经血中会有血块吗？　　○是　○否

16. 你的经血颜色发紫或者发暗吗？　　○是　○否

17. 大便完毕，你发现它是黑色的吗？　　○是　○否

18. 伸出双手看一下自己的指甲，它是不是又厚又硬？　　○是　○否

19. 仔细观察自己的指甲，它是不是凹凸不平，或者指甲上有

条状或点状白色花纹？　　　　　　　　　　　　　　　　○是　○否

20. 天气稍微转凉，你就会感到腰疼或者背疼吗？　　　　　○是　○否

21. 不管什么部位，你会不会偶尔或者经常有针刺般的疼痛？○是　○否

22. 不管哪个地方疼，你用手按一下会更加刺痛？　　　　　○是　○否

23. 不管什么时候、哪个部位疼，你是不是觉得疼痛感

　　每次都在一个地方？　　　　　　　　　　　　　　　　○是　○否

24. 你的家人中，有人得过肿瘤吗？　　　　　　　　　　　○是　○否

25. 你不喜欢与人交谈，总是独来独往、郁郁寡欢吗？　　　○是　○否

26. 你是否有吐血的经历，但去医院检查之后什么病也没有？○是　○否

27. 天气转凉，你的手脚是否只有一部分很冷，比如说小指

　　头很冷，但拇指和食指比较热？　　　　　　　　　　　○是　○否

28. 当你觉得自己在发热时，你是否有口渴、头痛、烦躁等症状？○是　○否

29. 当你挠痒或者被什么东西剐了一下，你的皮肤很容易出血吗？○是　○否

30. 不管饿或者不饿，你总是觉得小腹有一种满胀感吗？　○是　○否

31. 不管是否劳累，你总会觉得很乏力甚至懒得说话吗？　○是　○否

32. 你是否经常感到胸闷？　　　　　　　　　　　　　　　○是　○否

33. 晚上睡觉的时候，你总觉得有人在身边，你想叫又叫不出、

　　想动又动不得吗？　　　　　　　　　　　　　　　　　○是　○否

　　以上33个选项，每选择一个肯定答案，你就离血瘀体质又近了一步。如果选择了10个以上的"是"，那么你已经有轻微的血瘀了；如果选择17个以上的"是"，那么你已经是血瘀体质了；如果选择了25个以上的"是"，机体已经向你发出信号了，你要抓紧时间调理；如果选择了30个以上的"是"，最好到医院检查一下，看身体有没有什么病，尤其要检查黑斑出现的部位，以防有恶性病变。

第二节　活血化瘀常用中药

对于血瘀体质者来说，要想改善此种体质，需坚持活血的基本原则，除了注意饮食养生法外，还应对证使用一些能够活血的药物。

此处总结了一些常用的有活血之效的药材，介绍其基本特性，以供读者学习参考。一般来说，这类药物善于走窜，具有活血、化瘀、通经、利痹、消肿、止痛的作用，很适合于消除血瘀、肿块。

川芎

本品为伞形科多年生草本植物川芎的根茎，内含生物碱、酚性物质、内酯类物质，有抗血小板凝集的作用，可以降低血小板表面活性，抗血栓形成，并对已形成的凝聚块有解聚作用，能扩张冠状动脉，增加冠状动脉血流量，降低心肌耗氧量，还可改善微循环，有镇痛、镇静和降压的作用。

中医认为，川芎味辛，性温，其主要功能为活血行气，祛风止痛，适合治疗外感风邪引起的头痛、风湿身痛、关节痛，血瘀所致的各种病症，如冠心病、脉管炎、高血压等。但阴虚火旺者不宜用。

三七

三七指五加科多年生草本植物三七的干燥根。三七中含有大量三七皂苷，有12种以上皂苷的混合物，有些更是与人参中的皂苷类似。试验证明，三七粉或浸液能缩短动物的血凝时间，对内脏如肝、脾等的出血有良好的止血效果，对各种出血性病症的咯血、血尿、眼出血均能获得明显疗效。此外，三七还能扩张冠状动脉，增

加冠状动脉血流量，降低血压，减少心肌耗氧量，提高动物对缺氧的耐受能力，因此具有抗心肌缺血作用。

中医认为，三七味甘、微苦，性温，有化瘀止血的显著功能，在治疗跌打瘀血、外伤出血、痈肿疼痛等方面非常有效，而三七熟品还有补血活血之功，可用于失血和贫血之症。三七常研成粉末用温开水送服或随汤药冲服。

红花

红花指菊科二年生草本植物红花的干燥花。红花中含有二氢黄酮类化合物、红花苷、红花醌苷等。红花制剂有增加冠状动脉及股动脉血流量的作用，能降低血压、抗凝血及抑制血栓形成，有显著的抗缺氧作用，对子宫平滑肌有兴奋作用，可使子宫收缩的节律性明显增加。

中医认为，红花味辛，性温，主要功能是活血通经，祛瘀止痛，所以红花对治疗闭经痛经、恶露不行、腹部肿块、跌打损伤等有显著效果，但无瘀血者、月经过多者及孕妇忌用。

益母草

益母草是唇形科二年生草本植物益母草的新鲜或干燥的地上部分。益母草含益母草碱，植物甾醇等。益母草有明显的兴奋肠管及子宫平滑肌的作用，有降低血压和增加冠状动脉血流量、改善微循环、减慢心率及抗血小板凝集的作用。

中医认为，益母草味苦、辛，性微寒。可以调经活血，祛瘀生新，利湿消肿，所以对于月经不调、痛经闭经、恶露不尽之症有很好的治疗效果。

丹参

丹参是唇形科多年生草本植物丹参的根。丹参能改善微循环，提高机体耐缺氧能力，扩张冠状动脉，增加冠状动脉血流量，并能减缓心率，促进组织的修复与再生，有抗凝血的作用，还有一定的抑菌作用。可以说，一切急慢性病患者，只要有血瘀或血流不畅征象的都可以使用丹参。

中医认为，丹参味苦，性微寒，可以活瘀血，生新血，凉血安神，可以有效治疗心绞痛、月经不调、痛经闭经、血崩带下、癥瘕、结聚、血瘀腹痛、惊悸不眠、骨节疼痛、恶疮肿痛痒等症，但月经过多及咯血、尿血者慎用。

第三节　活血化瘀饮食调节

不适合血瘀体质者食用的食物有甘薯、土豆、芋头、蚕豆、大豆、黑豆、油炸食物、糯米，以及馒头、面条等面食，还有肥腻的食物，如肥肉、动物油脂及太甜或难消化的食物。

西红柿味甘、酸，性微寒。生津止渴，凉血平肝。可促进钙、铁元素的吸收，帮助胃液消化脂肪和蛋白质，生吃可以补充大量的维生素C。熟食，番茄红素能预防心血管疾病和肿瘤的发生。

油菜有活血化瘀、解毒消肿、宽肠通便等作用，可用于治疗乳痈、习惯性便秘等。富含膳食纤维，能够降血脂。对于抵御皮肤过度角化大有裨益，还能降低胰腺癌发病的危险。

海参能生百脉血、活血化瘀、补肾经、益精髓、滋阴壮阳、休息痢。适宜身体虚弱、高血压病、高脂血症、冠心病、动脉硬化、病后产后体虚的人食用。能治疗因肾阳不足而引起的阳痿遗精、小便频繁。对关节病有着极佳的效果。

空心菜味甘，性微寒。又称"蕹菜"，可洁齿防龋除口臭，改善皮肤，堪称美容佳品。夏季常吃，可防暑解热、凉血排毒、防治痢疾。富含钙质和粗纤维，有助于心肌收缩，对降低血压有很好的效果。

韭菜除了有温补肾阳和健脾胃的作用，还可行气理血，润肠通便，可治疗痛经。将韭菜捣碎成汁外敷，可治疗跌打损伤引起的瘀血，新鲜的韭菜汁和姜汁同服，可以治疗心痛、中风后遗症及尿血症。注意：变质的韭菜含有大量毒素，绝对不能食用。

蒜薹可温中下气，补虚强身，调和脏腑。含有丰富的纤维素，能调治便秘，预防和治疗轻中度痔疮，具有明显的降血脂及预防冠心病和动脉硬化的作用。所含的大蒜素还能抑制致病细菌的生长。

辣椒味辛，性热。具有温中散寒、健胃消食的功效。用于胃寒疼痛、胃溃疡、食欲下降、消化不良，外用治风湿痛、冻疮、腰肌痛。常食辣椒可降低血脂，减少血栓形成，预防心血管系统疾病。

大葱味辛，性平。有解表发汗、利气助阳、散瘀止血、消肿解毒的功效。生葱能刺激胃液分泌，增进食欲。有促进血液循环、降血脂、降血压、降血糖的作用。它能发汗、祛痰、利尿，可用于治疗感冒。

橘子味甘，性平。有健胃理气、化痰止咳、通经络、消水肿等作用，临床上常用来辅助治疗维生素C缺乏病、胸闷胁痛、肋间神经痛、乳汁不通、睾丸肿痛等病症。能调理气滞血瘀引起的乳房胀痛和男性前列腺增生症。

橙子味酸，性凉。含有非常丰富的维生素C、维生素P，能增加机体抵抗力，适合高脂血症、高血压、动脉硬化者常食。橙皮止咳化痰的效果超过陈皮，是治疗食欲下降、胸腹胀痛、感冒咳嗽的良药。

杨梅味甘、酸、性平。被称为"果中玛瑙"，有生津止渴、健脾开胃、解毒祛寒的功效，多食也不会伤脾胃。夏天食用用白酒浸泡过的杨梅，能够消暑解腻。腹泻时，取杨梅熬浓汤喝下能收敛、止泻。

木瓜味酸，性温。有健脾消食、清心润肺的功效，能治疗便秘、肾炎、乳汁分泌不畅等。其特有的木瓜酵素，能帮助人体分解和消化蛋白质。木瓜碱和木瓜蛋白酶具有抗寄生虫和缓解痉挛疼痛的功效。

山楂味酸，性温。有开胃消食、化滞消积、活血散瘀的作用，可治疗消化不良、高血压、高血脂、女子闭经、痛经等。能扩张血管，对调节人体血脂及胆固醇含量有明显的效果。是改善血瘀体质的绝佳食物。

石榴味甘、酸，性温。有生津止渴、健脾开胃、收敛固涩、止泻止血的功效。含有多种氨基酸和微量元素，能助消化、降低胆固醇、软化血管、降血脂和血糖、抗胃溃疡。石榴汁有非常神奇的解酒效果。

　　荔枝味甘，性平。荔枝营养丰富，有消肿解毒、止血止痛、开胃益脾和促进食欲的功效，可止呃逆，治腹泻。对大脑有补养的作用，能够改善失眠、健忘、疲劳等症状，有助于增强机体免疫力。

　　柚子可理气化痰、健脾消食、散寒燥湿、清肠利便，同时还能促进伤口愈合。具有降低血液中胆固醇、降血糖、降血脂、减肥、养颜等功效。可以预防贫血的发生，并促进胎儿发育，适合孕妇食用。

　　甲鱼味甘，性平。具有滋阴清热、补虚养肾、补血补肝的功效。富含胶原蛋白、维生素D等营养物质，能增强抵抗力，调节内分泌，用于治疗头晕目眩、虚热盗汗等症状。适宜慢性肝炎、糖尿病、肾炎的患者食用。

　　墨鱼有"血分药"之誉，有养血活血、通经催乳、调经止带、滋阴益肾的作用，常用于肝肾两虚或血虚所致的经闭、崩漏、产后乳汁不足等证，尤其适合女性食用。

虾味甘，性温。有补肾壮阳、养血固精、化瘀解毒、开胃化痰、通络止痛等功效。能治疗肾虚阳痿、遗精早泄、乳汁不通、筋骨疼痛、皮肤瘙痒、身体虚弱和神经衰弱等症。能预防高血压、冠心病和心肌梗死。

螃蟹有清热散血和滋阴补髓作用，可解结散血，养筋益气、活血化瘀。跌打损伤者将螃蟹焙干研末，以酒送服，还可散瘀血和补益筋骨。女人产后肚痛，以焙干的螃蟹送酒喝，也可帮助散去体内瘀血块。

桃仁味苦、甘，性平。有破血行瘀、滋阴滑肠的作用，可辅助治疗痛经、闭经、跌打损伤及大便干结。体内有瘀血者，常食桃仁还可起到散瘀血的作用。有抗凝血作用，可使血压下降，最适合高血压患者食用。注意：孕妇忌服。

第四节　活血化瘀养生食谱

血瘀体质的养生食谱

【凉拌蒜苗】

材料：蒜苗400克，醋、香油、剁椒等适量。

做法：（1）蒜苗择洗干净，切成短段，剁椒切碎。

（2）水锅置火上烧热，放入蒜苗焯熟，捞出沥干。

（3）蒜苗放入小盆中，加入调味料拌匀，以竹签穿串即可。

【什锦汤】

材料：胡萝卜100克，油菜、娃娃菜各50克，植物油、盐少许，江米酒适量。

做法：（1）胡萝卜去皮洗净切片；油菜、娃娃菜洗净。

（2）胡萝卜片和油菜、娃娃菜入锅，放入江米酒煮熟。

（3）熄火后撒上少许植物油、盐搅匀即可。

【百合墨鱼粒】

材料：西芹150克，墨鱼200克，百合50克，红椒1个，盐、味精等适量。

做法：（1）西芹洗净切成段，墨鱼洗净去皮切成粒，红椒洗净切粒，百合洗净。

（2）锅中加入水煮沸后，放入墨鱼粒、芹菜段、红椒粒、百合稍氽烫后捞出。

（3）锅中加油烧热，加入以上所有材料炒熟后，再加入盐、味精炒匀即可。

【百合墨鱼粒】
● 具有养血、通经、催乳、补脾、益肾、滋阴、调经、止带之功效。
【小油菜炖金针菇】
● 具有降低血脂、解毒消肿、宽肠通便、强身健体之功效。

【小油菜炖金针菇】

材料：金针菇100克，小油菜4棵，西红柿1个，鸡汤、香油、鸡精、盐等适量。

做法：（1）金针菇泡发，去蒂洗净；小油菜择洗干净，叶子一片片撕下来；西红柿切片。

（2）水锅置火上，放入鸡汤烧沸后转小火，放入金针菇煮熟并加盐。

（3）加入小油菜、西红柿片煮2分钟，淋入香油、加入鸡精即可。

【豆苗核桃仁】

材料：豆苗200克，核桃仁100克，辣椒、酱油、味精、盐等适量。

做法：（1）将豆苗洗净焯水，辣椒洗净去籽切丝。

（2）将核桃仁去皮，掰成四瓣，放入蒸锅内蒸熟。

（3）将核桃仁与豆苗、辣椒丝放一起，加酱油、味精、盐拌搅均匀即可。

【豆苗核桃仁】
● 固精强腰，温肺定喘，润肠通便。

【炒空心菜】

材料：空心菜500克，盐、酱油、鸡精、蒜等适量。

做法：（1）空心菜择洗干净，切段；蒜洗净切碎。

（2）水锅置火上烧热，将空心菜放入开水焯一下，捞出挤干水分。

（3）油锅置火上烧热，放入蒜蓉爆香，加入空心菜翻炒数下，加入盐、酱油、鸡精翻炒均匀即可。

小提示

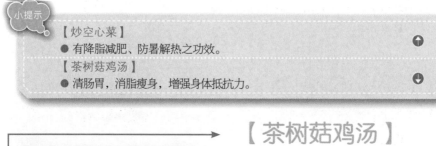

【炒空心菜】
● 有降脂减肥、防暑解热之功效。

【茶树菇鸡汤】
● 清肠胃，消脂瘦身，增强身体抵抗力。

【茶树菇鸡汤】

材料：干茶树菇50克，鸡400克，姜、葱花、盐、味精等适量。

做法：（1）将干茶树菇切成小段，略冲洗即可，不要泡；把鸡洗净，剁成小块；把姜洗净切片。

（2）锅内加水烧开，将茶树菇、鸡块、姜片置入锅中，大火煮15分钟。

（3）放入适量盐、味精调味，再用中火煮30分钟，出锅后在上面撒上葱花即可。

【白菜拌木耳】

材料：木耳小半碗，白菜叶100克，青椒、红椒各1个，盐、味精、酱油、醋、辣椒油、香油等适量。

做法：（1）木耳入水泡发，焯水至熟；白菜叶切成块焯熟；青椒、红椒切碎。

（2）将盐、味精、酱油、醋、辣椒油、香油倒入碗中调成味汁。

（3）将处理好的木耳、白菜、青椒、红椒放入盘中，将调好的味汁淋入，搅拌均匀，即可食用。

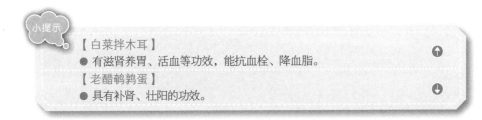

小提示

【白菜拌木耳】
● 有滋肾养胃、活血等功效，能抗血栓、降血脂。
【老醋鹌鹑蛋】
● 具有补肾、壮阳的功效。

【老醋鹌鹑蛋】

材料：鹌鹑蛋200克，醋、花椒、小茴香、香叶、桂皮等适量。

做法：（1）在锅内放入适量水，加入花椒、小茴香、香叶、桂皮，将洗净的鹌鹑蛋放入水中煮。

（2）煮2分钟后将鹌鹑蛋壳敲碎，继续煮至入味。

（3）煮好后将鹌鹑蛋捞出，放入碗内，加入适量醋即可。

【烩鱼块】

材料： 鲳鱼1条，洋葱半个，酱油、黄酒、白糖、醋、红椒丝、香菜、淀粉、盐等适量。

做法：（1）洋葱切丁；将鲳鱼切块，用黄酒、淀粉、盐、酱油把鱼块腌渍半个小时。

（2）油加热至七成热，放入鱼块炸至金黄色捞出待用。

（3）加油爆炒洋葱，加酱油、红椒丝、香菜、盐、白糖、黄酒翻炒数下，再放入鱼块焖一会儿，放醋，勾芡搅匀即可。

> **小提示**
>
> 【烩鱼块】
> ● 具有益气养血、补胃益精、滑利关节、柔筋利骨之功效。
> 【山药烧甲鱼】
> ● 具有滋阴凉血、补益调中、补肾健骨、散结消痞等作用。

【山药烧甲鱼】

材料： 甲鱼800克，猪肉100克，山药70克，姜片、葱段、蒜、盐、酱油、泡椒、花椒、料酒、胡椒粉等适量。

做法：（1）将甲鱼宰杀后，用小刀将裙边、腹部刮净，入开水中煮5分钟捞出。

（2）猪肉洗净，切片，煮成肉汤；蒜洗净蒸熟。

（3）砂锅热猪油，下姜片、葱段、花椒炒香，再放盐、泡椒、酱油、料酒、肉汤、山药，烧开后放甲鱼、胡椒粉，砂锅加盖，用小火烧至甲鱼软烂；最后放入蒜，待汤汁收浓，调味即可。

【香辣羊肉片】

材料：瘦羊肉1000克，青蒜50克，辣椒酱50克，洋葱碎、花椒、八角、精盐、香油等适量。

做法：（1）将羊肉洗净，切成8厘米见方的大块；把青蒜切碎。

（2）将羊肉放入砂锅中，加适量水烧沸，撇去浮沫；撒入洋葱碎、花椒、八角和精盐，煮沸后小火将羊肉煮至酥烂，捞出沥净汤汁。

（3）晾凉后，剔去骨头，切成薄片装盘，撒入青蒜末，淋上辣椒酱和香油，拌匀即可。

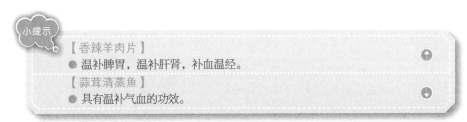

小提示

【香辣羊肉片】
● 温补脾胃，温补肝肾，补血温经。

【蒜茸清蒸鱼】
● 具有温补气血的功效。

【蒜茸清蒸鱼】

材料：鲤鱼1条，葱、姜、蒜、香菜、红椒丝、盐、料酒、酱油、醋、油、鸡精等适量。

做法：（1）葱切丝，姜切丝，蒜切碎成蒜蓉。

（2）将鱼洗净，鱼肉切成厚片，去掉鱼头、鱼尾，用盐、料酒、姜丝将鱼片稍腌几分钟。

（3）鱼片装盘。把蒜蓉和料酒、酱油、醋、油、鸡精调成汁，淋在鱼片上，蒸大约20分钟至熟，出锅拌入葱丝、香菜、红椒丝即可。

【酸辣粉丝鳝鱼】

材料：鳝鱼200克，粉丝500克，鸡汤、葱、姜、蒜、红油等适量。

做法：（1）将鳝鱼清洗干净，切成条，粉丝泡发；葱切葱花，姜、蒜剁碎。

（2）锅中放油，烧至三成热，下葱花、姜末、蒜末炒香，下鳝鱼段翻炒数下，倒入鸡汤烧沸。

（3）放入粉丝，煮大约1分钟，加入调味料，出锅前淋入红油、撒上葱花即可。

【酸辣粉丝鳝鱼】
● 有清热解毒、凉血止痛、祛风消肿、润肠止血等功效。

【糖醋软熘鲤鱼】
● 具有滋补健胃、利水消肿、通乳、清热解毒、止嗽下气之功效。

【糖醋软熘鲤鱼】

材料：鲤鱼1条，淀粉、料酒、白糖、香菜等适量。

做法：（1）将鱼清洗一下，两面切刀花，用淀粉抹匀。

（2）锅中放油，烧至六成热，将鱼放入炸透后，捞出沥油。

（3）锅中加清水，将炸好的鱼放入，加料酒、白糖滑熘，熘时要用勺不断推，并将汁不断浇在鱼身上。等鱼两面入味后，勾芡收汁，淋上油，加香菜点缀即可。

【核桃仁拌黑木耳】

材料：黑木耳150克，核桃仁50克，青椒、红椒各25克，姜、蒜、盐、香芹叶、白糖、醋、生抽、香油、红油等适量。

做法：（1）把黑木耳撕成小片；青椒、红椒分别切丝；姜、蒜切成末。

（2）把黑木耳、青椒丝、红椒丝在开水中焯水，捞出晾凉；把核桃仁用小火炒香。

（3）在碗中装入黑木耳、青椒丝、红椒丝、香芹叶、核桃仁、姜末、蒜末，撒上盐、白糖，浇上醋、生抽、香油、红油，拌匀即可。

【核桃仁拌黑木耳】
● 具有凉血止血的功效。
【私房蟹粥】
● 有补骨髓、滋肝阴、充胃液、养筋活血、治疽愈核之功效。

【私房蟹粥】

材料：粳米半碗，蟹2只，酱油、料酒、香油等适量。

做法：（1）粳米入水浸泡1小时；蟹处理干净，斩去脚爪。

（2）将处理好的蟹放入碗中，淋上酱油、料酒，上屉蒸熟。取出脱壳。

（3）粳米和水倒入锅中，煮至粳米烂熟，将粥盛出，摆入蟹肉，淋上香油即可。

【酸辣豆花汤】

材料：豆花500克，熟黄豆、熟花生米、白菜、葱花、酱油、味精、醋、香油、淀粉、胡椒粉、盐、辣椒油等适量。

做法：（1）白菜剁碎后和葱花一起放入汤碗中，放酱油、味精、醋、香油，搅拌均匀。

（2）烧开半锅水，淀粉加水勾芡，淋入锅中，再放入豆花、胡椒粉、盐，煮至沸腾。

（3）将煮好的豆花倒入汤碗中，再放适量辣椒油、熟黄豆、熟花生米即可。

小提示

【酸辣豆花汤】
● 有抗氧化的功效。

【油豆腐炒芹菜】
● 平肝降压，养血补虚，清热解毒，利尿消肿。

【油豆腐炒芹菜】

材料：油豆腐1碗，芹菜300克，青椒1个，五香粉、盐、酱油、鸡精等适量。

做法：（1）芹菜去叶切段，青椒切小段。

（2）将适量的油倒入锅中，放入青椒爆香，然后将芹菜倒入锅中，烹入五香粉、盐、酱油，炒至八成熟。

（3）再将油豆腐放入锅中翻炒至熟，撒上鸡精，搅拌均匀即可。

【酸汤鳜鱼】

材料：鳜鱼1条，蛋清1份，葱、姜、蒜、泡椒、小米辣椒、盐、味精、淀粉、西红柿等适量。

做法：（1）将鳜鱼鱼肉切片，留头尾，用盐、淀粉、蛋清腌渍大约5分钟；葱、姜、蒜切碎。

（2）油烧至七成热，将鱼头、鱼尾放入炸至金黄色，捞出备用。

（3）在锅内倒入清水，将姜、蒜、泡椒、小米辣椒、西红柿及鱼头、鱼尾倒入，用大火熬至乳白色，加入盐、味精，熬好后捞出待用。

（4）将腌好的鱼片放入汤中煮片刻，煮好后带汤浇在鱼头、鱼尾上即可。

【酸汤鳜鱼】
● 具有补气血、益脾胃的功效。
【粉皮炖甲鱼】
● 具有滋阴凉血、补益调中、补肾健骨、散结消痞等作用。

【粉皮炖甲鱼】

材料：甲鱼1只，粉皮200克，葱、姜、蒜、盐、酱油、料酒、鸡精等适量。

做法：（1）将甲鱼洗净，切成块；葱切碎，姜、蒜切片；粉皮放在热水中，发好后待用。

（2）锅中放油加热，放葱花、姜、蒜炒香，放甲鱼块翻炒数下，加盐、酱油、料酒翻炒变色，加水炖。

（3）放粉皮，炖至快熟时，加鸡精搅匀即可。

【毛血旺】

材料： 鸭血500克，鳝鱼片、猪肉、火腿、百叶、莴笋头、黄豆芽各150克，黄花、木耳、金针菇、豆皮、大葱各50克，辣椒、花椒、火锅底料、精盐、味精、香菜等适量。

做法： （1）将鸭血切成条，焯水；猪肉、火腿、百叶切片；莴笋头切条；黄花、木耳、金针菇泡发。

（2）火锅底料用水化开，下入精盐、味精，放入除辣椒、花椒、香菜外所有食材共煮；等黄豆芽断生后起锅转入盆内。

（3）炒锅置旺火上，油烧至六成热，放入辣椒炸呈棕红色，下花椒炸香，淋在盆内，拌入香菜即可。

【干锅黄牛肉】

材料：尖青椒、尖红椒各30克，油菜200克，带皮牛肉500克，白糖、香料、姜片、料酒、蒜末、辣椒酱等适量。

做法：（1）牛肉焯水切厚片；油菜焯水装盘；尖青椒、尖红椒洗净，切段。

（2）用热油炒糖色，下牛肉炒至皮上起小泡，加香料、姜片、料酒等煸炒，和辣椒酱一起放高压锅内压12分钟。

（3）煸炒蒜末、尖青椒段、尖红椒段，倒入牛肉和汤汁，汤汁收浓后一起倒在油菜上即可。

第五节　活血化瘀药方

逍遥可疏肝，桃红能活血

▶ 逍遥丸

逍遥丸历史悠久，来源于宋代《太平惠民和剂局方》，清代著名医学家叶天士称赞其为"女科圣药"。逍遥丸对血瘀体质者来说有很好的疗效，此方专为肝郁脾虚、脾失健运之证而设，为中医调和肝脾的名方，倍受历代医家的推崇。

逍遥丸的成分有柴胡、当归、白芍、白术（炒）、茯苓、薄荷、生姜、甘草（炙）等，能够活血化瘀，疏肝健脾。肝藏血，主疏泄，肝郁血虚脾弱之证在妇女多表现为月经不调、乳房胀痛。治疗时宜疏肝解郁，养血健脾。在逍遥丸的配方中，柴胡的药效是疏肝解郁，使肝气条达，为君药；而白芍酸苦微寒，养血敛阴，柔肝缓急；当归甘辛苦温，养血和血，若用当归尾，更是有较好的活血功效。所以，对血瘀体质的人来说，逍遥丸在某种程度上是一个非常适合的药方，其调肝养血的名声也广为流传。

▶ 桃红四物汤

在很多女性的心中都有一个疑问，那就是在没有名牌化妆品的年代里，古代的美女如何保持白里透红的肌肤呢？这里便为你揭秘另外一种适合血瘀体质的美容汤药——桃红四物汤。

四物汤在中医界一直被认为是养血活血的良方，由当归、川芎、熟地黄、白芍4味药组成。这个组方中，熟地是滋补药中的上品，能够养阴补血填精，与当归配伍后，可使当归养血的功效增强，川芎又是活血调经的要药，能行血中之气，对血瘀体质患者来说，这是很好的药方。

桃红四物汤源自元代，最早记载于晚唐时期蔺道人所著的《仙授理伤续断秘方》，朱丹溪又对它进行了改进，变成了如今所流传的桃红四物汤，对血瘀体质的人来说有极好的疗效，对患有血瘀证的女性来说，则无疑是既治病又美容的汤药。

桃红四物汤是以四物汤为基础，再加上桃仁和红花而成，专治血虚、血瘀导致的月经过多，还能治疗先兆流产、习惯性流产，且对美容养颜有特别的功效。所以，血瘀体质的人可以将其作为既能调养又能美容的汤药来食用，尤其对女性来说，更是美容的上品。

▶ 当归田七乌鸡汤

有一款药膳叫"当归田七乌鸡汤"，这款药膳是专门用来调理和改善血瘀体质的。

功效

当归、田七和乌鸡都有很好的活血化瘀效果，如当归的主要作用是补血活血，也有调经止痛、润肠通便之效；田七止血化瘀、消肿止痛，能治一切血病；乌鸡有补虚劳羸弱、治消渴、治妇女崩漏带下及一些虚损诸病的功用。所以，对于血瘀体质的人来说，若是症状较为严重，可以食用这款药膳来达到活血养血的作用。

有的血瘀体质者表现为脸上有明显的黄褐斑，身上总是莫名地因触碰硬物而青紫难消。中医认为，黄褐斑与气滞血瘀有关，黄褐斑病发在皮，其病在内，与肝、脾、肾关系密切，气滞血瘀、肝肾阴虚是黄褐斑的基本证型。所以，此类患者若是食用当归田七乌鸡汤，则能很好地改善体内气血的运行，消散体内的血瘀，从根本上逐渐改善血瘀体质。

● 温馨提示

这款药膳并不适合所有血瘀体质者食用，对于容易烦躁、易于口苦的人就不适合。同时，这款药膳也不适合在感冒的时候吃，若是肠胃不好，消化功能很差，最好将肠胃调理好之后再食用此类药膳，否则药效无法被吸收利用。

▶ 血府逐瘀汤

血府逐瘀汤这一经典妙方早就被用来治疗气血瘀滞，最早记载于《医林改错》之中。

组成：当归、生地各9克，
　　　桃仁12克，红花9克，
　　　枳壳、赤芍各6克，柴胡3克，
　　　甘草6克，桔梗4.5，
　　　川芎4.5克，牛膝9克。

功效	
血瘀体质多因为气滞而血瘀，想要化血瘀，就必须使气畅通。	
柴胡、枳壳	疏肝理气
牛膝	通经破瘀、引瘀血下行
桔梗	开宣肺气、引药上行
桃仁、红花	活血祛瘀
当归、川芎、赤芍	活血祛瘀
当归、生地	养血化瘀
甘草	调和诸药、活血调气

血府逐瘀汤具有活血化瘀、行气止痛的作用。尤其是对于血瘀体质者来说，这更是调理身体的一大妙方。它能够治疗头痛胸痛、胸闷呃逆、失眠多梦、心悸怔忡、内热瞀闷等血瘀体质所引发的病证。

妙用血府逐瘀汤还能够帮助女性治疗血瘀经闭不行、痛经、肌肤甲错、脱疽、日晡潮热以及云雾移睛、青盲等目疾。

运动是活血化瘀最简便有效的方法

如果说自己的病是坐出来的，是否难以相信？那么你现在可以算一算自己一天除了睡眠之外，有多少时间在运动，包括走路的时间算在内，再算算多少时间是坐着度过的。女性是以血为养的，气血是否充盈，血脉是否畅通，对女性自身的健康非常重要，久坐伤气，一旦血行受阻，血流不畅，身体自然会给你"示警"，大大小小的毛病也随之而来。

▶▶ 快步走

快步走的优点在于提高步速的同时，吸入的氧气量常大于普通运动，而且不受运动场地的限制，你既可以在专门的场地练习，也可以在户外进行锻炼。

利用上下班时间。不要一站坐到单位门口，每天提前5分钟出门，提

前一站下车，步行上班，回家时也是如此；上班时如需要去附近办事，尽量步行往返；中午外出就餐时，别只盯着周围的餐馆，留意稍远一点的餐馆，也许会有意外的惊喜。

利用散步时间。无论是自己还是带着宠物散步时，都是快步走的机会。此时不要慢悠悠地步行，而是稍催促宠物在前面跑，这样自己为了跟上宠物的脚步而提高步速，可达到快走的目的。

▶▶ 瑜伽

瑜伽大师认为，血瘀体质者是最适合进行瑜伽养生的人群之一，在练习瑜伽时应当多做有益于调节心脏血流运动的动态练习，而不是静态练习。适度地变换动作，有助于使身体各部位兴奋起来，有助气血运行。

活血散瘀信手拈来

保健按摩是通过被动的运动来调节肌肉的收缩和舒张，以促进血液循环，使气血通畅，瘀者得疏，滞者得行，从而起到"活血化瘀""祛瘀生新"的作用。保健按摩的这些功效，使其成为血瘀体质的人日常最好的保健及治疗方法。

常做保健按摩，消散瘀血

保健按摩的实施手法颇多，动作比较轻柔，运用灵活，而且不论男女老幼、体质强弱，都可使用。

血瘀型体质者大多数为脑力劳动者，故而瘀血常处于头部、四肢这些远离心脏的位置，所以按摩时也应该经常多拍打头部、面部或是腿部，消散瘀血，从而保证神清气爽，身体健康。

▶ 三阴交帮助人体活血化瘀

三阴交穴位于小腿内侧，足内踝上缘3寸，在踝尖正上方胫骨边缘凹陷中。肝、脾、肾三条阴经在本穴交会，肝藏血，脾统血，肾是先天之本，这些都与血液有直接关系，常按摩三阴交穴能够很好地帮助活血化瘀。

三阴交穴属于足太阴脾经的穴位，能够用于治疗几乎所有的妇科疾病，比如痛经、月经不调、崩漏、带下等，即使没有病的人也可以经常按摩三阴交穴，帮助疏通瘀阻，改善血瘀体质，从而慢慢地让整个人都变得精神起来。

养好肝脏，消除血瘀

▶ 怒伤肝促生血瘀体质

怒与五脏中肝对应，怒伤肝，不发怒就等于是养肝。养好肝，肝就能像一个称职的警察一样，把体内的"交通"管理得有条不紊。这时我们才能"周身通泰"：能吃能拉，不胀不闷，肢体灵活，情绪轻松，月经按时。肝藏血，如果一个人经常地发怒、抑郁、压抑、有志难伸，那必然会引起肝气郁结。气结则血不行，慢慢就会形成血瘀体质。

发怒引起颈肩部的肌肉发紧、头痛时，可以按摩头部或太阳穴10秒左右，有助于减少怒气，缓解肌肉紧张；也可以用冷水洗脸，冷水会降低皮肤的温度，帮助你冷静下来。另外，闭眼几秒钟，再用力伸展身体，使心神慢慢安定，也可以解怒。

▶▶ 血瘀之毒，重在养肝

中医认为，血瘀体质的人应重视养肝。因为肝藏血，主疏泄，肝气足、气血通则不瘀。《张氏医通》言："诸病虽多湿热，然经脉久病不无瘀血阻滞也。"一旦肝受到邪毒侵犯，就会气机抑郁，营卫不和，瘀血内生。把肝脏调理好就能使气血通畅，瘀者得疏，滞者得行，从而起到"祛瘀生新"的作用。

血瘀体质之人，日常可以多吃活血化瘀的食物，如山楂。如果血瘀体质者患有肥胖症或心脑血管疾病，那就更应该吃一些山楂。但胃酸过多者、消化性溃疡和龋齿患者不宜服。如果正在服用滋补药品，如人参，不要与山楂同食。另外，脾胃虚弱、气虚便溏、大病初愈者也不宜食用。

▶▶ 适当拔罐于肝有益

"通则不痛，痛则不通。"血瘀体质者最明显的症状就是局部疼痛。对身体尤其是胆经循行部位进行拔罐，有助于缓解肝气郁结，令胆经快速恢复畅通。

拔罐时，为了更好地刺激胆经，不妨用竹罐代替玻璃罐，将竹罐放在中药汤中煮10分钟，然后捞出擦干，趁热以闪火法吸拔经络循行部位，利用毛孔张开的机会将药物渗透到身体中，效果比单纯拔火罐要好。

胆经拔罐的方法很简单，只需要顺着胆经的走向将罐具等距离地吸拔在皮肤上，起罐后红晕相连，能起到非常好的疏通胆经的作用。

第七章 痰湿体质

第一节　你是痰湿体质吗

● 小测试：看看你是痰湿体质吗?

1. 每天早上起来，你是不是觉得嗓子里有痰，一定要咳嗽一
   下把痰咳出来?　　　　　　　　　　　　　　　　　　○是　○否

2. 与别人相比，你是不是不太喜欢喝水?　　　　　　　　　○是　○否

3. 你是不是很容易拉肚子或者一天大便好几次?　　　　　　○是　○否

4. 你是不是经常觉得自己身上湿漉漉的，怎么也不像刚洗过澡或
   者洗过头发那样干爽?　　　　　　　　　　　　　　　　○是　○否

5. 你喜欢吃甜食吗?　　　　　　　　　　　　　　　　　　○是　○否

6. 比较热的午后，你是否更容易觉得头脑昏沉、"身有千斤重"?○是　○否

7. 你睡觉的时候，很容易打鼾并且声音很响吗?　　　　　　○是　○否

8. 你是否经常懒洋洋的、只想睡觉?　　　　　　　　　　　○是　○否

9. 无论什么时候，你都很容易睡着并且怎么睡也睡不够吗?　○是　○否

10. 你是不是经常吃很多?　　　　　　　　　　　　　　　　○是　○否

11. 你经常在镜子中发现，自己的双眼是肿着的吗?　　　　　○是　○否

12. 你的小便很浑浊吗?　　　　　　　　　　　　　　　　　○是　○否

13. 你家里是不是经常储备健胃消食片以对付你的消化不良?　○是　○否

14. 你在夏季是不是非常难受并呈现一系列病症?　　　　　　○是　○否

15. 如果你是女性，你是不是经常白带很多甚至把内裤弄湿?

　　　　　　　　　　　　　　　　　　　　　　　　　　　○是　○否

16. 冬天到了，你是不是根本用不上护肤霜，因为你的脸上
　　总是油腻腻的？　　　　　　　　　　　　　　　　○是　○否

17. 你经常咳嗽、喘气并且多痰吗？　　　　　　　　　　○是　○否

18. 稍微劳累，你是不是就会觉得头重脚轻？　　　　　　○是　○否

19. 你是不是经常需要躺一下，来缓解你的胸部闷痛？　　○是　○否

20. 你是不是胖得很不均匀，尤其是腹部很胖？　　　　　○是　○否

21. 用手指戳一下自己的皮肤，是不是回弹得很慢？　　　○是　○否

22. 你经常出汗而觉得全身黏糊糊的吗？　　　　　　　　○是　○否

23. 如果很久没做运动，在一次运动结束后，你会不会觉得关节疼痛？○是　○否

24. 工作久了，你是不是觉得眩晕？　　　　　　　　　　○是　○否

25. 你在大家的心目中，是一个性格稳重、脾气温和的人吗？○是　○否

26. 你喜欢淅淅沥沥的小雨天气吗？　　　　　　　　　　○是　○否

27. 你是否经常觉得嘴里黏糊糊的？　　　　　　　　　　○是　○否

28. 你是不是经常需要应酬，以至于吃不下家中的粗茶淡饭了？○是　○否

29. 尽管你每天洗头发，你仍旧觉得头发油腻腻的吗？　　○是　○否

30. 你头上中央地带的头发，已经开始慢慢脱落了吗？　　○是　○否

　　上面30个问题都是针对痰湿体质的症状设定的。每选择一个"是"，意味着你又多了一个病态的症状，选择的"是"越多，意味着你离痰湿体质越近。

　　如果选择了10个以上的肯定答案，那么你肯定就是痰湿体质了，一定要及时调理，否则你离高血压、高血脂就不远了。

第二节　祛湿化痰常用中药

痰湿体质者必须坚持服用一些能够化痰利湿的中药，现在介绍一些常用中药。

杏仁

中医认为，杏仁味苦，性温，有小毒。有降气行痰、除风散寒、润燥通肠等作用，但久咳肺气虚者慎用。

杏仁分苦杏仁和甜杏仁两种。若处方上只写杏仁，药房即给苦杏仁，所以若是用甜杏仁就须写清楚。苦杏仁力较急，适用于壮人、实证；而甜杏仁味甘，性平，力较缓，适用于老人、体虚及虚劳咳嗽者。小儿使用时，用量不可过大，以防中毒导致呼吸麻痹。发生杏仁中毒时，必须立刻送往医院抢救。

川贝母

川贝母是百合科植物卷叶贝母、乌花贝母和棱砂贝母的地下鳞茎，其含有多种生物碱，能有效地镇咳祛痰，因此被广泛用于治疗慢性和急性气管炎、上呼吸道感染和肺结核所致的咳嗽，特别是上呼吸道感染经控制后仍咳嗽，且吐痰不利者，服用川贝母粉可有更佳疗效。

中医认为，川贝母味甘、苦，性微寒，可以止咳化痰，清热散结，很适合治疗虚劳咳嗽、吐痰咯血、心胸郁结、喉痹肺痿、瘰疬乳痈等证。使用时可将其研为细粉，随汤药冲服。

葶苈子

葶苈子是十字花科植物独行菜、播娘蒿干燥成熟的种子。葶苈子中含有脂肪油、芥子苷等物质，此外，葶苈子中的谷甾醇及强心苷成分，可使心脏收缩加强，心率减慢，增加血液的输出量，降低静脉压。

中医认为，葶苈子味辛、苦，性大寒，有下气行水的功效，因此在治疗肺壅喘息、痰饮咳嗽、水肿胀满等证时有不错的效果。

紫菀

紫菀指菊科植物紫菀的根及根茎。紫菀中含有紫菀皂苷、紫菀酮及挥发油等。药理试验证明，紫菀煎剂还有镇咳祛痰的作用，此外，紫菀对大肠杆菌、伤寒杆菌也有不同程度的抑制作用。

中医认为，紫菀味甘、苦，性微温，可以止咳化痰，定喘解热，所以常被用来治疗风寒咳嗽、气喘、虚劳咯吐脓血、喉痹、小便不利等证。

百部

百部是百部科植物蔓生百部、对叶百部或直立百部的干燥块根。百部内含多种生物碱，有松弛支气管平滑肌的作用，并能降低动物呼吸中枢神经的兴奋性，抑制咳嗽，因而具有镇咳作用。实验还证明，百部煎剂对多种致病菌及皮肤真菌有抑制作用，亦能有效抑制某些流感病毒。

中医认为，百部味甘、苦，性平微温，有润肺止咳、杀虫灭虱的功效，很适合用来治疗风寒咳嗽、吐痰、百日咳、老年咳喘及肺结核等证，不过，消化不良及大便溏泄者不宜使用。

半夏

半夏是指天南星科多年生草本植物半夏的干燥块茎。半夏中含有左旋麻黄碱及胆碱，亦含挥发性氨基丁酸等，有止咳作用。

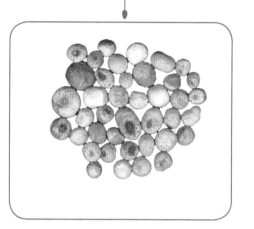

中医认为，半夏味辛，性温，有毒，可燥湿化痰，降逆止呕，消痞散结，在治疗咳喘、痰厥头痛、眩晕不眠、恶心呕吐、反胃、胸脘痞闷、腹胀等证时效果卓越。在使用时需注意：一切阴虚血少、津液不足、舌赤无苔者及孕妇均禁用此药。

石韦

石韦是水龙骨科多年生常绿植物石韦、庐山石韦或有柄石韦的干燥叶片。石韦中含有黄酮类化合物等物质，有镇咳祛痰及平喘的作用，还可利尿消肿。临床实践证明，石韦用于治疗慢性气管炎、支气管哮喘有显著疗效。

中医认为，石韦味苦、甘，性微寒，可利水通淋，清泄肺热，适合用来治疗淋痛、尿血、尿路结石、肾炎、肺热咳嗽、慢性气管炎、痢疾等证。用石韦叶煎水服用或用开水冲泡，代茶饮用，对治疗急、慢性肾炎及肾盂肾炎均有疗效。

桔梗

桔梗是指桔梗科多年生草本植物桔梗的干燥根。桔梗中含有桔梗皂苷、菠菜甾醇、桔梗酸等物质，其中的桔梗皂苷能刺激黏膜，引起黏膜分泌亢进，稀释痰液，促其排出，还能镇咳、镇静和解热。桔梗还具有抗炎作用，可与相关药物配伍治疗咽喉肿痛、伤风咳嗽及其他上呼吸道炎。

中医认为，桔梗味苦、辛，性平，可宣通肺气，疏风解表，祛痰排脓，有利咽之功效，可用来治疗咳嗽多痰、痰多不易咯出等证。但虚证咳嗽及干咳无痰者不宜用。

车前草

车前草内含车前苷、桃叶珊瑚苷及车前果胶等物质。相关药理试验证明，车前草煎剂有调节胃液分泌、促进支气管黏液分泌而祛痰的作用，对致病性皮肤真菌及某些病菌有抑制作用。

中医认为，车前草味甘，性寒，有清肝明目、利水通淋、止咳化痰的功效，很适合于治疗小便不通、淋浊带下、咳嗽多痰、暑湿泄泻、尿血湿痹等证。

泽泻

泽泻是泽泻科植物泽泻的干燥块茎，其中含有多种二萜类成分，包括两种泽泻醇、两种乙酸泽泻酯等物质，亦含挥发油、少量生物碱，胆碱，卵磷脂。相关药理试验发现，泽泻有扩张冠状动脉的作用，还能轻度降压，可以减轻血液胆固醇、甘油三酯和抗动脉粥样硬化，有抗脂肪肝和利尿的作用。

中医认为，泽泻味甘、淡，性寒，其功能主要是利水渗湿，泻热，可用来治疗小便不利、水肿胀满、呕吐、泻痢、痰饮、脚气、淋病等证，但阴虚无湿热者忌用。

第三节　祛湿化痰饮食调节

不适合痰湿体质者食用的有酸涩、肥甘厚味的食物，如饴糖、石榴、大枣、柚子、枇杷、李子、甲鱼、酒等，忌暴饮暴食或进食速度过快，也不宜多吃盐。

薏苡仁味甘、淡，性微寒。有健脾去湿、利水消肿、清热化痰、化脓等功效，《本草纲目》记载其"能健脾益胃"。可作盛夏消暑用。适合水肿、脚气、小便不利、湿痹、脾虚者食用。以薏苡仁煮粥食用，可有效消除身体的燥热和沉重感。

　　高粱味甘，性平。素有"五谷之精""百谷之长"的盛誉。有健脾益中、燥湿祛痰的作用，主要功效在于补气、健脾、养胃、止泻，特别适用于小孩消化不良、脾胃气虚、大便稀溏等证，患有慢性腹泻的人适宜常吃。

　　赤小豆味甘，性平。有"心之谷"之称。它能"治水肿皮肌胀满""通气、健脾胃"。具有清热解毒、健脾益胃、利尿消肿、止吐等功效，可治疗小便不利、脾虚水肿、脚气等症。与鲤鱼一起煮汤可健脾祛湿，有很强的利尿消肿作用。

　　绿豆味甘，性寒。具有清热解毒、消暑利水的作用，常用来缓解夏季常发的暑热烦渴、痰热哮喘、头痛目赤及水肿尿少等证。适宜高血压、动脉硬化、糖尿病及肾炎患者食用。夏季常食绿豆粥可清热降暑，缓解暑热困乏和疲劳。

　　胡萝卜味辛，性凉。有清热生津、开胃健脾、顺气化痰及消食化滞等作用，对于腹胀腹痛、消化不良及咳嗽痰多有较好的疗效，可改善食欲下降、咽喉炎、扁桃体炎、声音嘶哑等症，痰湿体质者常喝胡萝卜汁可有效缓解暑热困倦。

竹笋味甘，性凉。是典型的有清热化痰作用的蔬菜，可治疗脾虚有湿、体倦乏力、浮肿、食少、便溏等痰湿证，常食可防治高血压、高血脂，还可促进肠道蠕动，排出体内湿热，是痰湿体质者天然的祛湿减肥之品。

白菜味甘，性平。有解热除烦、通利肠胃、养胃生津、除烦解渴、利尿通便的功效；适宜习惯性便秘、肺热咳嗽、腹胀及发热之人食用。用白菜干根加红糖、姜片、水煎服可治疗感冒。大白菜切碎煎浓汤，外用可治疗冻疮。

茼蒿味甘，性温。既可补脑、降血压，又可清热利水、润肺、养心、凉血，能改善失眠多梦、咳嗽痰多、食欲下降、腹胀腹泻等证。茼蒿煎汁，与蜂蜜共饮，能祛湿化痰止咳。单喝茼蒿汁，可治疗午后潮热、头昏目眩等证。

芥菜味辛、甘，性平。又名雪里蕻，可做成榨菜，有一定的消热化痰作用及顺气开胃、解毒利湿、健脾开胃作用，对于湿热困倦、小便不利、消化不良、腹胀、腹痛等证有较好的疗效。

　　冬瓜味甘，性凉。有化痰止渴、利尿消肿、清热祛暑、润肺生津等作用，可用于改善水肿、痔疮、小便不利、肝硬化、高血压等症。冬瓜以利尿见长，以冬瓜和红豆或鲫鱼熬汤，可通小便，也可缓解因暑热头晕目赤的状况。

　　南瓜味甘，性温。具有补中益气、化痰排脓、解毒杀虫等作用，能改善高血压、久咳多痰、浮肿腹水、小便不畅等证。能保护胃黏膜，促进胃溃疡的愈合。与蜜糖同吃可改善哮喘；南瓜加大枣煮汤服食能用于治疗支气管炎。

　　金针菇的赖氨酸和精氨酸含量丰富，含锌量高，能促进儿童的身高和智力发育。金针菇还可抑制血脂升高，降低胆固醇，防治心脑血管疾病，可以预防和治疗肝病及胃、肠道溃疡，还能抵抗疲劳、抗菌消炎、抗肿瘤。

　　莴笋生吃热炒均相宜。能增强胃液和消化液的分泌，增进胆汁的分泌。适合高血压和心脏病患者食用。莴笋中所含的氟元素，能保证骨骼的结实；所含的碘能维持身体的正常代谢。莴笋叶的营养也非常丰富，可用于治疗秋季咳嗽。

苦瓜味苦，性凉。能清热解毒、明目利尿，还有明显的降血糖作用，对糖尿病有一定疗效。夏季常吃可祛湿解暑热，经常上火的人食用可败火祛燥。大便困难者，以鲜苦瓜煮水饮用，能通便排毒。

扁豆味甘，性平。有健脾、和中、益气、化湿、消暑等功效，常用来治疗脾虚呕逆、暑湿吐泻、食少便溏、泄泻水肿等证，是痰湿体质者的天然保健品，有助于缓解痰湿体质夏季及午后的身体困重、疲倦无力等。

平菇味甘，性温。营养丰富，有追风散寒、舒筋活络的功效；能改善人体新陈代谢，增强体质，调节自主神经功能，对更年期综合征、肝炎、慢性胃炎、胃和十二指肠溃疡、软骨病、高血压等都有疗效。

西葫芦具有清热利尿、除烦止渴、润肺止咳、消肿散瘀的功效。能改善水肿腹胀、烦渴以及肾炎、肝硬化腹水等症状，能提高免疫力。经常食用还能润泽肌肤。

紫菜味甘，性凉。有化痰软坚、清热利水、补肾养心的功效。能用于治疗因缺碘引起的甲状腺肿大，所含的多糖能增强身体的免疫功能，提高机体的免疫力。可明显地降低血清胆固醇的总含量。对饮酒过多、水肿、小便不利等有效。

鹌鹑肉既能补益气血，也能清利湿热，可"补五脏，益中续气，实筋骨，耐寒暑"。它能"消结热"，可去除痰湿体质者郁结在内的热，有助于防止"痰"的形成。能缓解痰湿体质者不思饮食的症状。

柿子有清热去燥、润肺化痰、生津止渴、健脾止血的功效，对于喉咙疼痛、大便干结、干咳等有治疗作用，适宜于高血压、慢性支气管炎、动脉硬化等患者食用。用柿子蒂煎水服用可以止呕吐；柿饼蒸熟食用可治疗寒性腹泻。

玉米须味甘、淡，性平。能利尿泄热、平肝利胆。含脂肪油、生物碱、黄酮类、硝酸钾、维生素K_3、维生素C等有效物质，具有降血压、降血糖、利胆、止血、抑菌及增强免疫、抗癌等多种功效。其利尿作用持久。配合车前草、甘草能治疗膀胱炎。

　　藿香味辛，性微温。有祛暑解表、解除胃肠胀气、清暑等功效。可用于治疗感冒、寒热头痛、呕吐泄泻、妊娠呕吐、手足癣等疾病。鲜藿香的解暑功效很强，夏季用沸水冲泡代茶饮用，可作清暑饮料。配合黄连、竹茹，祛除湿热；配合党参、甘草，治疗脾胃虚弱。

　　白扁豆具有补肾、益精、润燥、滑肠等功效。可用于治疗男子阳痿、女子不孕、血崩、腰膝冷痛、血枯便秘等病症。对脾胃虚弱、食欲下降、白带过多、暑湿吐泻、胸闷腹胀有调理作用，是滋补的佳品。

第四节　祛湿化痰养生食谱

痰湿体质的养生食谱

【葱油莴笋】

材料：莴笋400克，盐、鸡精、酱油、醋、香油、红椒丝、葱等适量。

做法：（1）莴笋去皮、去老根，洗净切成丝，放入小盆中，加盐腌出水，挤干水分；葱洗净切碎。

（2）油锅置火上烧热，放入葱花爆香，捞出葱花。

（3）将热油淋入莴笋丝，加入鸡精、酱油、醋、香油、红椒丝等拌匀，装盘即可。

【茯苓白豆腐】

材料：豆腐500克，茯苓30克，精盐、淀粉、清汤、料酒等适量。

做法：（1）豆腐挤压出水切成小方块，撒上精盐；茯苓切成片。

（2）将豆腐块放入热油中炸至金黄色。

（3）清汤、精盐、料酒倒入锅内烧开，加淀粉勾成白汁芡，与炸好的豆腐块调匀，再与茯苓炒匀即成。

【老醋海蜇头】

材料：海蜇头300克，青椒、红椒各1个，鸡精、葱白丝、酱油、醋、香油等适量。

做法：（1）海蜇头放清水中漂洗去泥沙，放清水中浸泡数小时，再用清水冲洗干净，捞出顺着蜇瓣切成小片。

（2）青椒、红椒去籽去蒂并洗净切丝。

（3）将海蜇头、辣椒丝放入小盆中，加入其余材料拌匀即可。

小提示

【老醋海蜇头】
● 具有清热化痰、消积化滞、润肠通便之功效。

【紫菜炒鸡蛋】
● 具有补肾养血、降低血压之功效。

【紫菜炒鸡蛋】

材料：紫菜50克，鸡蛋3个，葱、尖椒、盐、香油等适量。

做法：（1）紫菜泡发洗净，撕开成丝沥干；葱切段，尖椒切丝。

（2）鸡蛋打入碗中，加少许盐搅匀。

（3）油锅置火上烧热，放入尖椒、葱段爆香，加入紫菜翻炒数下，放入盐，倒入蛋液，翻炒至熟，加入香油即可。

【翡翠海鲜冬瓜盅】

材料：带皮冬瓜盅1个，银耳20克，虾仁、鱼肉、火腿、莲子各80克，腌料、油菜、上汤、盐、胡椒粉、香菜、麻油、白糖、淀粉等适量。

做法：（1）虾仁及鱼肉洗净，加入腌料；火腿略洗并切丁；银耳浸泡约1小时，撕成小块，用上汤煨熟；莲子洗净，用少许白糖蒸熟；油菜洗净。

（2）把虾仁、鱼肉用淀粉拌匀，放入上汤煲中略滚，再与银耳、油菜、火腿、莲子一起下入冬瓜盅中，撒上盐、胡椒粉、香菜、麻油即可。

小提示

【翡翠海鲜冬瓜盅】
● 具有护肾、降血糖、降血压、清热解暑等功效。
【百合小黄瓜】
● 具有润肺止咳、清心安神的作用。

【百合小黄瓜】

材料：小黄瓜2条，百合50克，鸡汤块、红椒条、盐、白糖少许，淀粉适量。

做法：（1）百合洗净后入水汆烫；小黄瓜洗净切条后，以沸水汆烫捞起。

（2）将适量鸡汤块加入热水中溶解，放入百合、红椒条、盐、白糖等，最后以淀粉勾芡。

（3）将小黄瓜摆放至盘中，淋上百合勾芡即可。

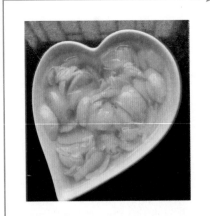

【冰糖鲜百合】

材料：白糖50克，冰糖20克，百合300克，盐适量。

做法：（1）百合泡发，洗净，削去黄尖，可用手撕成薄片，备用。

（2）百合片放入沸水中焯一下，捞出装入碗中，加入冰糖，上笼蒸煮。

（3）待冰糖化开后即可关火，再撒上少许白糖，可增加菜品的光泽度和食欲感。

【冰糖鲜百合】
● 具有润肺止咳、养阴消热、清心安神之效。

【粉蒸胡萝卜】
● 具有益肝明目、健脾除疳、增强免疫功能等功效。

【粉蒸胡萝卜】

材料：胡萝卜400克，葱、芝麻、黄瓜片、香油、淀粉等适量。

做法：（1）胡萝卜去皮洗净切丝，葱洗净切碎；芝麻放炒锅里炒香。

（2）用香油将胡萝卜丝腌至入味，然后放在淀粉上滚均匀，装盘，放入蒸笼里蒸熟。

（3）胡萝卜丝蒸熟后，放入葱花再蒸1分钟，取出撒上芝麻，扣在黄瓜片上即可。

【脆皮黄瓜卷】

材料：黄瓜300克，胡萝卜100克，红椒丝、酱油、醋、香油等适量。

做法：（1）黄瓜洗净，去瓤，刮切成长条片状。

（2）胡萝卜去皮洗净切丁，包入黄瓜卷。

（3）将其余调味料勾兑成汁（多用些醋），淋入黄瓜卷，加红椒丝点缀即可。

【脆皮黄瓜卷】
● 清热解毒、缓解水肿、养颜美容。
【凉拌苦瓜】
● 清热益气、美容养颜。

【凉拌苦瓜】

材料：苦瓜400克，盐、鸡精、酱油、醋、蒜等适量。

做法：（1）苦瓜去瓤，切成条，放入盐水中浸泡半小时；蒜捣碎成泥。

（2）水锅置火上烧沸，放入苦瓜条烫一下，立刻捞出过凉水，沥干后加入盐、鸡精拌匀。

（3）油锅置火上烧热，将热油淋入拌好的苦瓜条，放入蒜泥、酱油、醋，拌匀即可食用。

【什锦凉拌菜】

材料：胡萝卜100克，黄瓜200克，大白菜500克，百合100克，盐、鸡精、醋、葱等适量。

做法：（1）胡萝卜、黄瓜分别去皮洗净，切丝，葱洗净切碎；大白菜、百合切片焯水。

（2）将以上所有材料放入小盆中，加入盐、鸡精、醋拌匀。

（3）油锅置火上烧热，放入葱花爆香，捞出葱花，将热油淋入菜盆，调匀即可。

小提示

【什锦凉拌菜】
● 增强抵抗力，降糖降脂，润肺止咳，宁心安神。

【碧绿蛋黄卷】
● 清热益气，降血糖，降血脂。

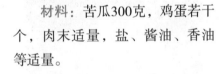

【碧绿蛋黄卷】

材料：苦瓜300克，鸡蛋若干个，肉末适量，盐、酱油、香油等适量。

做法：（1）苦瓜切长段去瓤；鸡蛋打入碗中搅匀；肉末加入蛋液、盐、酱油、香油搅拌成稠泥状。

（2）将肉馅塞入苦瓜段，放入蒸笼中蒸熟，取出晾凉切薄片。

（3）油锅置火上烧热熄火，放入苦瓜片炸一下捞出装盘即可。

【合味山药】

材料：黄瓜、山药、尖椒、白糖、醋、盐、香油等适量。

做法：（1）锅里加水，放入适量盐溶解，再加入尖椒、白糖、醋煮沸，倒入泡菜坛晾凉。

（2）山药去皮，切成滚刀块，放入晾凉的泡菜汁中，浸泡8小时以上。注意在浸泡的过程中要保持坛口清洁，并经常换封坛水。

（3）黄瓜洗净切片围盘，泡山药捞出装盘，淋上香油即可食用。

【合味山药】

● 健脾补虚，滋精固肾，治诸虚百损。

【黄瓜拌粉丝】

材料：黄瓜1根，粉丝1把，青椒、红椒各1个，蒜4瓣，盐、味精、酱油、醋、香油等适量。

做法：（1）粉丝入水泡发，煮熟后捞出晾凉；蒜剁碎；青椒、红椒切末；黄瓜切成长条。

（2）将黄瓜、粉丝摆入盘中，撒上青椒、红椒末。

（3）取一只碗，将盐、味精、酱油、醋、香油放入其中，搅拌均匀，制成味汁，均匀地淋入盘中即可。

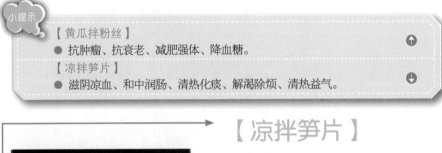

小提示

【黄瓜拌粉丝】
● 抗肿瘤、抗衰老、减肥强体、降血糖。

【凉拌笋片】
● 滋阴凉血、和中润肠、清热化痰、解渴除烦、清热益气。

【凉拌笋片】

材料：青笋2棵，蒜4瓣，盐、味精、酱油、醋、香油、红椒碎、香菜等适量。

做法：（1）青笋去皮、洗净、切片，摆入盘中；蒜剁成末。

（2）取一只碗，将蒜末、盐、味精、酱油、醋、香油放入其中，搅拌均匀，制成味汁。

（3）将调好的味汁淋入盘中，拌入红椒碎、香菜即可食用。

第五节　祛湿化痰应从细节做起

饮食宜清淡，忌油腻之物

▶ 甜、黏食物消化不了就"成了"痰

糖虽然有人体所需要的热量，但是它却是很多疾病的根源，尤其是痰湿体质的罪魁祸首，如巧克力、各类含糖分的饼干等。

▶ 痰湿体质者不宜吃滋阴的酸味食物

酸味食物有滋阴补肝的作用，但痰湿体质者不宜食用。吃酸味食物容易促进阴液分泌，如吃梅子时，人就会分泌很多唾液。所以酸味食物对于阴虚体质者十分适用，但却可令痰湿体质者体内的痰湿越来越多。即使是能降血脂、降血压的山楂，吃多了也容易损伤脾胃，加重痰湿。

▶ 口味清淡，适当吃姜

痰湿体质者大多体形肥胖，所以在饮食上切忌暴饮暴食和进食过快，且应避免肥甘厚味之物，宜食能温补脾胃、化痰化湿、健脾利湿的食物，少食油腻酸涩食品，避免食用寒凉酸味水果，三餐不宜吃得过饱。痰湿体质者的养生原则为健脾祛湿，饮食养生原则为口味清淡，适当吃姜。

生姜不仅有着很好的散湿作用，还有暖脾胃、促进发汗的作用，但痰湿体质者吃生姜还是很有讲究的，不能乱吃乱用，要挑时间吃才能起到良好的功效。俗话说"冬吃萝卜夏吃姜，不劳医生开药方""上床萝卜下床姜，夜晚生姜赛砒霜"，夏季，人的气血外走，脾胃较虚弱，外强中干，所以夏季饮食养生的重点是不能贪吃凉饮，适当地吃点生姜，不仅能够振奋脾胃，还能够帮助气血外达，正与天地之间的阳气生发相符。但在秋季，自然界的生命开始收敛败落，不如夏季旺盛，而生姜鼓舞气血外发，正好与自然界的趋势相悖，痰湿体质者如果在秋季还继续食用生姜的话，会引发睡眠不好或咳嗽等病证。所以痰湿体质者一定要适当吃姜，不可滥食。

适量出汗除痰湿

▶▶ 痰湿体质者应适当出汗

很多痰湿体质者由于倦怠乏力，从来没有考虑过增加自己的运动量，过于安逸，甚至不能够改掉暴饮暴食的习惯，这样只会让自己的疾病越来越严重。所以痰湿体质者除了要注意饮食，增加运动量也是很必要的，老坐着不行。

运动出汗是人体进行的一种主动调节，它能够加速新陈代谢，保持体内的热量平衡与水分平衡，从而帮助人体清理内部垃圾，而且有助于减肥。它能够使内脏活跃，协调身体活动，且有助于健脾补气。是改变痰湿体质的一种有效手段。

忙碌工作的年轻男女，在进行大量脑力工作的同时，应适当地停下手中的工作，或是在办公室里转上几圈，或是到楼下空旷的地方适量地散步、做些运动，加大自身的热量消耗，帮助清除身体内部停留的痰湿，保持健康。

运动也应注意天气，尤其是三伏天，古有"冬练三九，夏练三伏"之说。三伏天属于气温高、气压低、湿度大、风速小的天气，人在安静的状态下就会出汗，但只能稍微保持产热与散热的平衡，故也要进行一定量的运动。但在三伏天运动时一定要考虑身体的承受能力，尤其是中老年人。在三伏天进行室外运动时，一定要避开12：00～16：00这个时间段，如果外出活动，也应在树荫较多的公园里，而且注意时间的选择。

适当出汗，注意平衡人体阴阳

运动可以帮人体出汗，从而排出郁积在身体内的痰浊或者是水湿，但是过量的运动就适得其反，正所谓"刚不可以久，柔不可以守"。人体也是一样，阴阳平衡，百病不生；阴阳失衡，百病缠身。而适量出汗，是辅助人体实现平衡阴阳的一种手段。

慢跑，最好的出汗方式

慢跑是一种持续性运动，身体在运动时不会大量出汗，而是出于一种微汗的状态，给身体一个适应的过程，不会一股脑儿地将精华与糟粕统统扔掉。此外，慢跑的运动强度较低，不会过多地消耗糖类，避免在运动过程中或运动后出现疲惫、容易饥饿、食欲大增的不良表现。

刚开始锻炼时，可以采取少跑多走的方式或者隔天跑一次，经过数日的调整后逐渐增加慢跑的路程，而且最好每天跑一次，如果时间或体力不允许，每星期至少要保证2～3次的慢跑频率。

慢跑应自始至终保持匀速，也就是说，从刚开始起步到跑步结束，步伐和节奏都应当尽量保持一致，如果不知道如何掌握，可以用说话的方法来测定：一般以能边跑边与人轻松交谈为宜。如果慢跑过程中有喘粗气、面红耳赤、大口呼吸等情况，说明慢跑速度太快，应适当减慢跑步的速度，并在不断调整中找到最合适的慢跑速度。

健运脾胃，通脉化痰

▶▶ 善用药材，除湿化痰

痰湿体质的人最明显的外部特征就是肥胖，而肥胖本身就是某些疾病的早期信号，肥胖容易引起高血压、高血脂等。有些痰湿体质的人表面看上去并不是特别胖，但是肚子却很大，这跟日常生活中的饮食习惯有很大关系。《素问·奇病论》中已经明确地从行为方式上阐述消渴："此肥美之所发也，此人必数食甘美而多肥也。肥者令人内热，甘者令人中满，故其气上溢，转为消渴。"所以，除了要选对药材，更要严格遵守良好规律的饮食习惯。

对痰湿体质的人来说，饮食和运动十分重要。痰湿体质的人脾胃功能失调，容易导致水湿在体内聚积，痰就是脾运化水湿的功能失调后所产生的一种病理产物。

中医认为，肥胖者多痰湿，可以服用莱菔粥。取莱菔子15克，粳米50克，用粳米煮粥，待粥八成熟时放入莱菔子，煮至粥成，可用白糖调味。此粥能够下气化痰，可以作为主食服用。

痰湿体质者平日饮食中，应当选择一些健脾利湿、温燥化痰的食物，而更重要的是，痰湿体质者还必须戒除肥甘厚味的食物，并且最忌讳暴饮暴食和狼吞虎咽，因为这会增加脾胃负担，加重痰湿。痰湿体质的人可以服用薏苡仁粥或者是芡实莲子薏苡仁汤，因为薏苡仁有利湿健脾的功效，既是常用的中药，又是常吃的食物，能够达到很好的疗效。

第六节　保健推拿祛痰湿

保健推拿祛痰湿

中脘穴是胃的"灵魂之穴"

痰湿体质多为脾胃功能失调，故而使得体内食物不能正常运化，郁积停留在肠胃之内，形成痰湿。中脘穴位于人体肚脐之上4寸处，与肠胃有着不可分割的密切联系，而且它是手太阳小肠经、手少阳三焦经、任脉之汇，是胃的"灵魂之穴"。因此，按摩刺激此穴位能够帮助人体改善脾虚，恢复脾胃功能，从而治疗因脾胃功能失调引起的各种疾病。

水分穴排除多余水分，帮助肠胃蠕动

水分穴位于腹部正中线，肚脐以上1寸处，为任脉重要穴位之一。此穴位可帮助消除水肿，并且可以帮助肠胃蠕动。

神阙穴调理脾胃

神阙穴在腹部脐中央，刺激神阙穴可温补脾肾，回阳救逆，调理脾胃，理肠止泻，而且还能够温经通络，祛风除湿，调和气血，调补冲任。此穴能帮助痰湿体质者恢复脾胃功能，从而正常运化体内津液。

神阙穴

关元穴培元固本

关元穴位于腹部下方，脐中下3寸处，具有培元固本、补益下焦之功，凡元气亏损均可按摩此穴。多用于治疗泌尿、生殖系统疾患。痰湿体质者多因胃肠消化功能失调，故而引起脾胃虚弱，元气亏损，四肢无力。如果按揉和震颤关元穴，并且刺激神阙、中脘，即可帮助恢复脾胃功能，帮助肠胃消化食物，排出体内垃圾。刺激此穴位常用的手法是震颤法或按揉法，即用双手交叉重叠，然后将手掌心置于关元穴位处，稍加压力，快速地、小幅度地上下推动，感觉局部酸胀即可，或者以顺时针或逆时针方向揉按。

关元穴

按摩丰隆调痰湿，祛脂减肥益健康

为什么丰隆穴可以祛痰呢？因为痰的产生主要与肺、脾、肾三脏有关，古有"脾为生痰之源""脾无留湿不生痰"的说法。丰隆穴是足阳明胃之络穴，按此穴位可治脾、胃二经疾患，可通调脾胃气机。

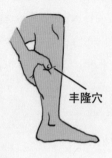

丰隆穴

第八章 其他体质

第一节　平和体质

"同气相求"是养生的首要原则

顺应自然，长寿何难

　　人们常说，顺应自然是养生的最高境界。那何为自然呢？自然不仅是春夏秋冬的四季更替，不仅是我们所生活的外部世界，还包括我们身体内部的最初状态，也就是我们的先天体质，这是我们身体内在的自然。只有这两个自然都不违背，才能达到养生的最高境界。

　　尽管人体疾病的表现千差万别，疾病的原因也可以归纳出无数种，但一个人出生时的先天体质对他的身体素质来说，起着决定性的作用，超过其他众多因素。如果了解自己的先天体质，那一个人对他这一生中易得什么病就很清楚了，同时对采取什么样的养生祛病方法也就心里有数。

　　唐代药王孙思邈认为：作为一个太医，一定要精通术数。什么是术数呢？就是疾病发展变化的规律，抓住这个规律，那我们就能真正拥有健康。

　　当我们知道自己的体质后，就可以根据同气相求的原则，使用自然界中具有相同特性的食物和保健药物来对人体进行调补，从根本上来养护我们的身体，自然会健康一生。

养生先养心

中医认为，五志七情皆可以致病，并且有不少医案也证实了此观点。比如《三国演义》上的"三气周瑜"，就是郁怒伤身致死的一个典型故事。另外，紧张、思虑过度等不良情志也会伤神伤志、伤五脏，比如悲哀伤肺，思虑伤脾，大怒伤肝，惊恐伤肾，过喜伤心等。不良情志导致身体五脏不和，精气耗损，就可以使人体质出现偏颇，即使是平和体质，也可能因为"心病"而导致身体出现病症。所以要排除杂念妄想，以使真气顺畅，重视养心是平和体质养生的"上上策"。

养心先以静为主

如何才能静心呢？人常说"心宽心静百病消"，可见情绪是我们身体的主人。有个好心情，人的气也顺，气顺了就有利于身体强健。整天生闷气、终日思前想后、欲望不止的人早晚都会疾病缠身。所以养心一定要静心，心情无法安静、情绪激动时，听听音乐舒缓一下，或练瑜伽、冥想等都很有效。

发泄也很重要

有气就撒出来，有话别闷在心里，想哭就哭出来，这些都是发泄的方法。当然，我们每个人都有自己不同的发泄方法，不管用什么方法，让自己始终保持心平气和、乐观豁达，则能气血通畅、体质平衡、不易生病。

学会包容

如果我们气量狭小，不能容物，遇事斤斤计较，就不可能心平气和、心思安定。所谓"宰相肚里能撑船"，我们要能容纳异己的存在，使心胸开阔。

除了上述方法外，平和体质者也可根据自己的条件合理选择养心方法。把养心落在实处，保证心平气和，乐观豁达，自然百病不生。

平日饮食要均衡

平和体质者相对于其他体质的人来说，饮食更容易打理一些，但也需要遵守必要的科学饮食原则，这样才能保持平和状态。

食物多样化，尽量保证营养均衡，尤其要遵循《素问·脏气法时论》所提倡的"五谷为养，五果为助，五畜为益，五菜为充，气味合而服之，以补精益气"这个配膳原则来合理地选择食物。注意主食与副食相搭配，品种要多样化，粮食、肉蛋、豆制品、蔬菜水果等，都要合理选择，以保证机体摄入均衡、充足的营养。

吃好一日三餐，"早饭宜好，午饭宜饱，晚饭宜少"，这是切实可行的养生格言。这不单适用于平和体质者，应该说是任何一种体质的人都应遵守的饮食原则，如果能每天做到这个标准，人的饮食就比较科学了，也不会因为暴饮暴食而导致体质偏颇。

平衡、规律、营养的搭配，是平和体质者饮食的基本准则。

平和体质要顺应四季之变

▶ 春季养生：养肝护肝

中医认为肝脏与草木相似，草木在春季萌发、生长，肝脏在春季时功能也更活跃。因此，春季养生要以养肝护肝为先。

◆ 早睡早起

23：00至次日3：00，肝胆最兴奋，睡觉时各个脏腑的血液都归藏于肝，肝胆在此刻发挥其解毒作用达到最高峰，人在此时也应保证充足的休息。

◆ 披发缓行

披散发束而不苛求外表严整，在家里很随意地起居活动，别约束自己，舒适地放松自己的心情，对健康有益。

◆ 多吃绿色食物

多吃绿色的食物可起到养肝的作用，在春季可多食一些天然的绿色蔬菜，如菠菜、芹菜等，具有舒肝养血的功效。

▶ 夏季养生：心静自然凉

嵇康在《养生论》中曾说："夏季炎热，更宜调息静心，常如冰雪在心。"这句话点出了夏季养生、养心的观念和方法，遵从"心静自然凉"的养生理念，在夏季会有一个较好的身体状态。除了要做好养心保健，还要做好"居养"调护。

◆ 避免日晒

避免在烈日炽热时外出、劳作。如果非要在烈日下劳动或运动，则要注意加强防护，如戴遮阳帽、打晴雨伞等。

◆ 防风寒湿邪侵袭

夏季炎热，出汗较多，人体腠理开泄，易受风寒湿邪侵袭，故睡觉时不宜吹风扇，更不宜夜晚露宿。纳凉睡觉时，特别要注意盖好腹部。在有空调的房间，注意不要让室内外温度相差太大。湿衣服及汗衣皆不可久穿，以免暑湿并袭，身生疮毒。

◆ 清凉饮食

以清淡质软、易于消化的饮食为主，少吃高脂厚味及辛辣上火之物，多吃新鲜蔬菜瓜果；另外，可适当饮些清凉饮料，如绿豆汤、酸梅汤、菊花茶等，可以生津开胃，抑热消暑；但冷饮要适度，不可偏嗜寒凉之品，否则会伤阳而损身。

▶ 秋季养生：滋阴，防秋燥

到了秋季，俗话说："一夏无病三分虚。"

虽然一再强调平和体质者无须进补，但是在秋季适当调补也是应该的。尤其根据《黄帝内经》中"春夏养阳，秋冬养阴"的原则，此时滋阴、防秋燥是平和体质者的养生重点。

饮食清润	秋日在饮食上"以润为贵"，要注意滋养津液，可适量饮开水、淡茶、豆浆等饮料，并适当选食能够润肺清燥、养阴生津的食物，如秋梨、荸荠、柿子、百合、甘蔗、银耳等；要少吃辛辣、油炸食物及烈性酒和膨化食品，因为这些易生燥化热，多食无益。
勤习吐纳	平和体质者早晚应常做漱泉术，即每日清晨洗漱完毕，用舌在口中搅动，等到口中唾液满，漱炼数遍，分三次咽下，如能长期坚持，对预防秋燥大有裨益。
防秋愁	久居闹市的人们应该多到大自然中去走一走，新鲜的空气能使人更多地吸收空气中负氧离子，既能增强人体的呼吸和血液循环功能，同时，还对人的神经系统具有良好的调节安抚作用，从而消除烦人的秋愁。

▶ 冬季养生：潜藏阳气

冬季，草木凋零，冰冻虫伏，是自然界万物闭藏的季节，人的阳气也要潜藏于内。因此，冬季养生的基本原则也当重视"藏"。这一点适合每一个人冬季养生，平和体质者也不例外。

适当进补	冬季以"藏热量"为主，所以宜多食羊肉、狗肉、鹅肉、萝卜、核桃、栗子等。

要保持良好的心境，情绪要稳定、愉快，切忌发怒、急躁和精神抑郁；冬天天冷，可在室内多养养花草，天气好时多出去晒晒太阳，打打太极拳等，对平和体质者的身心保健都有益。

中医学认为，人体的6条阳经均在头面部进行交接，所以称头部为"诸阳之会""精明之府"。冬天用冷水洗面，可以提神醒脑，以减轻冬季萎靡不振的精神状态，并能提高身体抵抗力。

大家都知道"寒从脚起"的道理，冬天人们往往手脚寒冷，如用热水烫脚会感到全身舒服，可以坚持每天用45～50℃温热水洗脚。并用手指按摩双脚涌泉穴各60次，再用双手大拇指在温水中按摩两脚脚趾间隙各20次，有很好的养生作用，为保持水温，可分次加入适量热水。

按摩胃经，行气养血

胃经是足阳明胃经的简称。它共有45个穴位，分布在人身的头、胸、腹、下肢等人体的重要部位，主治人体的呼吸、血液循环、食物消化等系统的疾病。胃经是人体的经络，也是瘦身和美容的"秘方"。无论是想保持身材，还是想容颜美丽，都可通过胃经来调养，不仅能美容瘦身，还不给身体增加任何额外的负担。

肥胖常常是因为吃得多而使脾胃受损，脾胃虚弱导致运化功能失调，食物不能够正常运化，无法转化为精微的营养，反而形成痰湿，肚子或其他部位便开始膨胀，人就开始肥胖。

皮肤不好的普遍原因则是吃得不够营养或者是吃了些对身体不好的食物，从而损伤脾胃，使得身体内停留一些对人体有害的毒素，从而影响美丽，比如痰湿引起的脸色皖白；湿热引起的脸上起痘，背后、臀部起小疖肿等。

如果我们经常敲打胃经，就能够抑制人体过于亢奋的食欲，保证脾胃的强健，从而使脾气、胃气旺盛，运化功能强健，自然就能够运化掉多余的营养，除去人身上的肥肉和堆积起来的痰湿，人也就会更健康、更美丽，且不易长胖。

第二节　湿热体质

合理饮食，避免湿气加重

▶ 多吃芳香食物

在现实生活中，各个年龄段的人都可能受到湿热的侵袭，特别是30～45岁的人，属生命中"土"的年龄段，体内湿气比较重，夏秋之交又属中医所说的"长夏"季节，对应五行中的"土"，内外相合，湿上加湿。若是湿热侵袭到小孩，最常见的症状就是腹泻、大便不顺畅；若是湿热侵袭到老年人，就可能出现下肢酸困、腰疼等症状。

对于湿热体质者来说，应多吃一些芳香的蔬菜，如香菜、荆芥、藿香等。但由于这些菜性均偏温燥，不能吃得太多，可当配菜来吃，以清除湿气。另外，诸如黄豆芽、绿豆芽、冬瓜、木瓜、山药等可以作为主菜来吃，有利于祛湿。

▶ 少吃甜腻的食物

古人云："大暑少甜腻。"意思是在一年当中最热节气时，由于"湿热交蒸"，吃甜腻的食物会影响脾胃运化吸收，加重体内湿热，像冰激凌、奶油蛋糕、巧克力、糯米糕等女性爱不释口的美食都有可能是脸上长痘痘的罪魁祸首。

▶ 少吃辛辣的食物

不少人认为，吃辣椒有利于除湿气，湖南人爱吃辣椒就是这样的。其实，这里有一个误区，湖南只是潮湿，并不是湿热，长居此地之人吃辣椒能清除体内湿气，而不会增加内热。但其他地区就不一样了，典型的是岭南地区，吃辣椒容易助生内火，加重发热、面红耳赤、口干舌燥等症状。

除了生姜、辣椒、羊肉等热性食物外，湿热体质者还应该少吃炸鸡翅、羊肉串、烤肉、水煮鱼等经高温加工的食物。这些食物含油量较大，且热气十足，必然会加重湿热内蕴。

▶▶ 远离烟酒

在中医里，烟草为辛热秽浊之物，易于生热助湿，加重湿热，使人出现呕恶、咳嗽、咳痰等症状。酒是性热而质湿之物，《本草衍义补遗》中说酒"湿中发热近于相火"，堪称湿热之最，所以如若饮酒无度，必会助阳热生湿痰，从而导致湿热。嗜烟好酒可谓是导致湿热体质的重要因素，所以要想改善湿热体质，必须戒烟限酒。

▶▶ 多食新鲜蔬果

湿热体质者可多食用新鲜蔬果，如冬瓜、丝瓜、苦瓜、芦笋、水芹、黑木耳、莲藕、萝卜、西红柿、梨、香蕉等，这些蔬果含有丰富的维生素，不仅能补充人体所需要的营养成分，还有着清热泻火的作用。尽量避免食用辛辣助热、肥甘厚味的食物，如牛肉、狗肉、羊肉、生蒜、生葱、韭菜、动物脂肪、海鲜等物。

红豆、薏苡仁——清热利湿的最好搭档

薏苡仁有利于消水肿，在健脾祛湿、舒筋除痹和清热排脓等方面也有非常好的功效，它既能够当饭吃，还能够当茶来喝，其味美而养人，好处多多。如果你是一个湿热体质者，而且感觉身体肿胀，脸上也总是油腻腻的，常长痘痘，就可以试试煮点薏苡仁红豆粥来喝。

▶▶ **湿热体质可采用药膳调理**

湿热体质者经常出现的表面特征就是面部油腻，长满青春痘，同时伴有轻微腹泻现象，这是体内湿热太重的缘故。

这种情况可用土茯苓草龟汤来调理。

土茯苓草龟汤

材料：草龟1只，鲜土茯苓、猪瘦肉各100克，
姜、葱适量。

功效：祛湿热、解毒。

▶▶ **适当饮凉茶，祛湿也解毒**

凉茶有很多配方，而凉茶中药材的不同也代表着不同的功效。对湿热体质的人来说，在选择凉茶的时候应当有所侧重，根据自己的身体湿热程度和表现症状，选择适合的药材调配凉茶。

一般情况下选用以下凉茶配方。

凉 茶

金银花25克，清热解毒；夏枯草25克，清肝火，散郁结，降血压；蒲公英25克，清热解毒、散疮毒；白菊花25克，舒风清热，解毒，明目；生地15克，清热凉血，养阴生津；鱼腥草15克，清热解毒，除湿通淋。

身体穴位是祛湿除热的良药

承山穴

此穴位位于人的足太阳膀胱经上，膀胱经主人体一身之阳气，刺激此穴位能振奋膀胱经的阳气，阳气一足，阴邪自然无所遁

承山穴

形，湿邪即属阴邪，这样就能帮助人体排除湿气。可以说，它是有效、便捷地祛除人体湿气的穴位，跟红豆、薏苡仁有异曲同工之妙。

合谷穴配太冲穴

合谷穴配太冲穴也能达到祛湿清热的效果，而且还能够清大肠之热，泻肝火。

合谷穴

太冲穴位于第1、2个足趾之间的缝隙向上的凹陷处，合谷穴位于大拇指和食指的虎口间。此两个穴位分别属足厥阴肝经、手阳明大肠经，对肝、脾有着重要的作用，肝经湿热的人每日早晚按揉这二穴5分钟，有清肝火、祛湿热的功效。

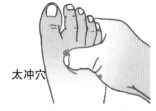
太冲穴

捏脊

捏脊的手法最早见于晋代葛洪《肘后备急方·治卒腹痛方》："拈取其脊骨皮，深取痛引之，从龟尾至顶乃止，未愈更为之。"就是沿着脊柱两旁，用手指捏起脊背上的皮肉，用力往上提，边提捏，边向前推

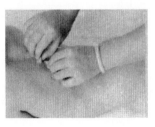

进，从尾椎一直捏到颈椎。有提高机体免疫功能、预防多种疾病的功效。

第八章　其他体质

第三节　特禀体质

找出过敏原，远离过敏原

正常人体内都有一套免疫系统，当外来物质侵入人体时，人体内的免疫细胞产生免疫球蛋白，将入侵物中和或消化掉。而特禀体质中的"过敏一族"，他们的免疫反应的灵敏度超出了应有的程度和范围，通常会将一些对人体不会产生伤害的外来物质视作入侵者并对其进行中和或消化，这样就会伤害到机体的某些正常功能，从而引发局部甚至全身性的过敏性反应。他们会对花粉、气味、食物、药物，甚至季节交替产生过敏反应，而出现打喷嚏、哮喘、瘙痒、荨麻疹等症状。所以，在生活中，这些人一定要避开这些可能引起过敏反应的物质。

粗细搭配，清淡均衡

▶▶ 饮食巧搭配，预防过敏

过敏体质属于特殊体质，往往会对某一种物质产生不适感，所以过敏体质者在饮食上不宜嗜好某一种食物，应粗细合理搭配。少食用大蒜、辣椒等辛热之物，以免加重过敏症状。所以，过敏体质的人在饮食养生上应坚持清淡均衡、粗细搭配的原则。

在我们日常生活中，能引起人体过敏的食物主要有牛奶、黄豆、花生、蛋类、鱼类、核果类、甲壳类海鲜（如虾、蟹）、西红柿等。随着社会现代化步伐的加快，现代工业食品也逐渐繁荣起来，经过工业加工的食物大都含有各种添加剂，如色素、抗氧化剂、防腐剂等，都可引起人体过敏，像蜜饯和一些色泽鲜艳的糖果，过敏体质者如果食用，很有可能会诱发哮喘。

对于特禀体质者来说，身体对外界的敏感度较强，即使不食用某些食物，只是接触，也会造成皮肤发痒、红肿等过敏反应，如接触香蕉、猕猴桃、芒果、木瓜等。

▶▶ 特禀体质者进补宜益气固表

中医认为过敏主要是肺气不足，卫表不固，《灵枢·百病始生》中说："此必因虚邪之风，与其身形，两虚相得，乃客其形。"也就是说，正气不足是过敏性疾病发生的内在原因，卫表不固，给了外邪入侵的机会，所以就会发生疾病。所以，特禀体质的人在调补的时候应该以益气固表为原则，合理调补。

▶▶ 改善过敏食疗妙方推荐

牛奶藕粉

材料：取牛奶、藕粉各1大匙。

做法：将藕粉、牛奶一起放入锅内，均匀混合后用小火煮，边煮边搅拌，直到呈透明糊状为止。

功效：此品可生津清热、养胃滋阴。

党参鸡汤

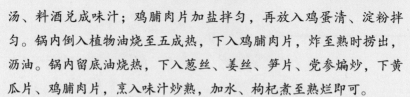

材料： 取党参30克，鸡脯肉200克，冬笋、黄瓜各25克，鸡蛋1个（取蛋清），盐、料酒、葱丝、姜丝、鸡汤、枸杞、淀粉等适量。

做法： 将鸡脯肉洗净，切片；党参洗净；冬笋、黄瓜均洗净，切片；将盐、鸡汤、料酒兑成味汁；鸡脯肉片加盐拌匀，再放入鸡蛋清、淀粉拌匀。锅内倒入植物油烧至五成热，下入鸡脯肉片，炸至熟时捞出，沥油。锅内留底油烧热，下入葱丝、姜丝、笋片、党参煸炒，下黄瓜片、鸡脯肉片，烹入味汁炒熟，加水、枸杞煮至熟烂即可。

功效： 此品可益气健脾，改善过敏体质。

黄芪炖鸡

材料： 嫩母鸡1只，黄芪30克，盐5克，料酒15克，葱、姜各10克，味精、红枣等适量。

做法： 将鸡宰杀，去毛，剁去爪，剖去内脏，洗净后先入沸水锅内焯至皮抻开，再用凉水冲洗，沥干备用。黄芪洗净，切成6~7厘米长的段，每段再对剖成两半，葱、姜洗净后切段、片。加入葱段、姜片、味精、料酒、清水、盐、红枣，鸡、黄芪片煮至鸡烂、汤鲜，即可食用。

功效： 此品可益气升阳，养血补虚。